조원구의 4번째 인생 이야기

강을 건너 머물고
하늘을 향해 걷다

조원구의 4번째 인생 이야기

강을 건너 머물고
하늘을 향해 걷다

제1판 1쇄 발행 2025년 8월 1일

저　　　자	조원구
발 행 인	김용성
기획·편집	박찬익
제　　　작	정준용
보　　　급	이대성

펴 낸 곳	요단출판사
등　　　록	1973. 8. 23. 제13-10호
주　　　소	07238 서울특별시 영등포구 국회대로 76길 10
기　　　획	(02)2643-9155
구　　　입	(02)2643-7290 Fax (02)2643-1877

ⓒ 2025. 조원구 all right reserved.

값 10,000원
ISBN 978-89-350-2009-6 03230

신 저작권법에 의하여 한국 내에서 보호 받는 저작물이므로
무단 전재와 무단 복제를 금합니다.

강을 건너 머물고
하늘을 향해 걷다

조원구의 4번째
인생 이야기

요단
JORDAN
PRESS

차례

자신을 자기가 평가하지 말라	7
나를 변화시킨 한 권의 책	23
교육 선교의 장을 열다	35
대륙을 향한 교육 선교의 방침	47
행복한 공주 로티문 선교사	55
내 이름을 처음 불러주신 아버지	61
비익조 나의 아내	69
마크 트웨인 동굴에서의 하루	85
악을 악이라고 지적하고 선을 보고 외면치 않겠습니다	91
나는 꽃 중에서 코스모스 꽃을 가장 좋아합니다	105
귀향 본능	111
고요한 바다, 흐르는 세월	129

부록

우정의 조각들 - 친구 이창묵 작가가 본 조원구   137

자신을 자기가
평가하지 말라

　　　　　제가 현재 거주하고 있는 미국에서는
자동차를 흔히 '발'에 비유하곤 합니다. "신발을 새로
갈았다"는 표현은 곧 자동차 타이어를 교체했다는 의미로
쓰이죠. 이처럼 자동차를 단순한 이동 수단 이상으로 여기는
문화는, 미국의 삶의 방식과 밀접하게 연결되어 있습니다.
만약 사람의 발에 문제가 생겨 제대로 움직일 수 없다면
일상이 큰 불편을 겪게 되듯, 자동차 역시 우리의 삶에서

떼려야 뗄 수 없는 존재가 되었습니다.

 이를테면 왕복 100km 거리를 출퇴근하는 것은 물론이거니와, 4km 떨어진 슈퍼마켓에 다녀오는 것조차 자동차 없이는 어려운 현실 속에서, 자동차는 더 이상 사치품이 아니라 삶을 이어주는 '생활 필수품'으로 자리 잡았습니다. 이런 이유로 저를 포함한 많은 사람들이 자동차에 대해 지속적인 관심이 있으며, 차량 유지, 교체, 성능에 대해 남다른 애정을 쏟고 있는 것도 어찌 보면 자연스러운 일입니다.

 그런 제 마음을 오래도록 사로잡고 있는 자동차가 하나 있습니다. 바로 독일의 클래식 모델 폭스바겐 비틀^{VW Beetle}입니다. 독일어로는 폴크스바겐^{Volkswagen}, 즉 '국민의 차'라는 의미를 갖고 있죠. 이 차는 단순한 탈것 그 이상의 상징성을 지니고 있으며, 독특한 역사적 배경 속에서 탄생한 모델이기도 합니다.

 1934년, 아돌프 히틀러는 나치 독일의 총통으로 집권하면서 독일 국민에게 자부심을 불어넣고 나치 이데올로기가 대중의 삶 속에 스며들도록 여러 정책을 펼쳤습니다. 그중 하나가 바로 '국민차 프로젝트'였습니다. 모든 독일 가정(대체로 4~5인 가족)이 함께 탑승할 수 있고, 시속 100km 이상의 속도로 고속도로를 달릴 수 있으며, 가격은 1,000마르크(현재 약 700달러)를 넘지 않는 실용적이고 경제적인

자동차를 만들겠다는 야심 찬 계획이었습니다.

이 계획의 설계를 맡은 이는 바로, 오늘날 포르쉐 브랜드의 창시자로도 잘 알려진 뛰어난 공학자, '페르디난트 포르셰'Ferdinand Porsche였습니다. 그는 단순히 효율적인 자동차를 만드는 데 그치지 않고, 독일의 혹독한 겨울 날씨와 잠재적인 전쟁 상황까지 고려한 독창적인 설계를 고안해냈습니다.

예컨대, 차량의 엔진을 뒷부분에 배치하여 앞쪽에는 수납 공간, 즉 트렁크를 만들 수 있었는데, 이는 단순한 실용성을 넘어서 군사적 목적까지 염두에 둔 결정이었습니다. 전쟁이 발발할 경우, 앞 트렁크에 모래주머니를 채워 넣으면 일정 부분 방탄 기능을 수행할 수 있도록 고안된 것이죠. 이런 세심한 설계와 기술적 역량이 더해져, 폭스바겐 비틀은

독일인의 일상 속으로 빠르게 스며들며 '국민의 차'라는
이름에 걸맞게 자리매김하게 됩니다.

   오늘날에도 이 작고 둥근 외형의 비틀은 시대를 초월한
매력을 지닌 클래식 카로, 많은 이들의 추억과 열망 속에 살아
숨 쉬고 있습니다. 작고 동글동글한 몸체, 귀여운 곡선과
다정한 눈매처럼 생긴 헤드라이트, 도로 위를 달릴 때면
마치 조용히 웃고 있는 것 같은 모습의 차, 자연스레 어깨를
들썩이게 만드는 재즈가 울려 퍼질듯한 차입니다. 저 역시
언젠가 이 차를 곁에 두고 일상의 '발'처럼 함께 걷는 꿈을
간직하고 있습니다. 단순한 이동 수단을 넘어, 한 시대의
정신과 이야기를 품은 자동차—그것이 바로 폭스바겐 비틀이
제게 주는 특별한 울림입니다.

   50여 년 전, 저는 미국 뉴욕의 '그린포인트'^{Green Point}라는
동네에서 지인의 도움을 받아 이민 생활을 시작했습니다.
모든 것이 낯설고 어색했던 그 시절, 마음의 안정을 찾지 못한
채, 멀리 보이는 브루클린 다리를 향해 무작정 걸음을 옮기던
기억이 아직도 생생합니다.

   그때 제 머릿속에는 1620년, 신앙의 자유를 찾아
잉글랜드를 떠나 메이플라워호^{Mayflower}를 타고 매사추세츠
플리머스 항에 도착했던 초기 이민자들의 이야기가
떠올랐습니다. 막연히 이곳도 백인을 중심으로 한 공동체일
거라고 생각했지요. 그러나 걸음을 옮기며 마주한 풍경과

사람들은 제 예상과는 전혀 달랐습니다.

   길에서 스쳐 지나가는 이들의 얼굴은 루마니아, 헝가리, 체코, 폴란드, 슬로바키아 등 동유럽에서 온 이민자들이 대부분이었습니다. 그들은 저마다의 모국어로 이야기하고, 강한 억양이 섞인 영어를 사용하고 있었습니다. 저에겐 그 모습이 무척 낯설고도 신기하게 다가왔습니다. 시간이 흐른 뒤에야 알게 되었지만, 그린포인트는 당시 동유럽 출신 저소득층 이민자들이 모여 살아가는 동네였습니다.

   오늘날 미국의 많은 지역은 도시 개발을 통해 크게 변화했지만, 그 시절 그린포인트의 분위기는 제 기억 속에 또렷이 남아 있습니다. 그 중에서도 유난히 기억에 남는 장면이 하나 있습니다. 바로 길가마다 주차되어 있던 중고 폭스바겐 차량들입니다. 특히 작고 동그란 형태의 비틀 모델은 자주 눈에 띄었고, 저에게 깊은 인상을 남겼습니다.

   그 당시 그 지역 주민들은 경제적으로 넉넉하지 않았기에, 실용적이고 유지비가 저렴한 폭스바겐 비틀이 그들의 삶에 딱 맞는 차였던 것 같습니다. 유럽에서 서민들의 차로 알려진 이 작은 자동차는, 대서양을 건너 미국에서도 같은 역할을 하고 있었던 셈이지요.

   막 이민 생활을 시작한 저에게 자동차는 단순한 이동 수단이 아니라, 생계를 위한 필수품이자 언젠가 꼭 가져보고 싶은 꿈의 대상이었습니다. 그래서인지 길가에 세워진 폭스바겐 비틀을 부러운 눈으로 유심히 바라보며 걷던 제 모습이 지금도 떠오릅니다.

그런 제게, 어느 날 한 루마니아계 미국인이 다가와 말을 걸었습니다. 그때 제가 할 줄 아는 영어는 "탱큐, 예스, 노, 쏘리, 하이, 굿모닝" 정도에 불과했지만, 그는 동유럽 특유의 억양이 섞인 영어로 무언가를 빠르게 이야기하기 시작했습니다. 제가 이해를 못 하자 그는 손짓과 몸짓으로 대화를 이어가려 했습니다. 아마도 제가 폭스바겐을 오래 바라보던 모습을 보고, 차를 사고 싶은지 묻는 듯했습니다.

저는 급히 손을 흔들며 "노, 노, 노"를 반복했고, 제 눈을 손가락으로 가리키며 그저 구경만 하고 있다는 뜻을 전하려 애썼습니다. 말보다 마음이 앞섰던 그 순간은, 지금도 제게 따뜻하고도 생경한 기억으로 남아 있습니다.

그날 이후로 저는 여러 종류의 자동차를 몰아보았습니다. 출퇴근을 위해 중형 세단을, 일터에서는 짐을 실을 수 있는 밴을, 가족 여행을 위해서는 미니 밴을 탔습니다. 하지만 그 초창기, 낯선 도시 뉴욕에서 제 마음을 처음 사로잡았던 폭스바겐 비틀 만큼은 단 한 번도 소유해 본 적이 없습니다. 그 차는 여전히 제 기억 속에서만 달리고 있습니다. 낯선 땅에서의 설렘과 두려움, 그리고 작고 귀여운 차 한 대를 바라보며 품었던 소박한 꿈이, 지금도 그 시절의 저를 떠올리게 해줍니다.

이곳 세인트루이스는 미시시피강을 사이에 두고 미주리주와 일리노이즈주가 접해 있는 도시입니다. 강을 가로지르는 다리를 경계로 미주리 주에 속한 세인트루이스와 일리노이즈주에 속한 이스트 세인트루이스라는 이름으로 나뉘어 불립니다.

지도를 보면 세인트루이스는 미국 중서부에 위치해 있으며, 대륙의 특성상 폭우를 동반한 토네이도가 자주 발생하는 지역입니다. 오늘도 일기예보에서 토네이도 가능성이 있다고 경고했는지라, 거리는 한산하고 사람들은 일찍 귀가하며 외부 활동을 자제하는 상황입니다. 사업장에도 고객이 뜸해졌고, 저 역시 직원들을 일찍 퇴근시키고 상가 문을 닫고 집으로 돌아갈까 고민하고 있었습니다.

그때 쇼윈도 밖으로 제 기억 속에 잊히지 않던 폭스바겐 비틀이 눈에 들어왔습니다. 그 차를 타고 상가로 들어온 사람은 우리 동네에 사는 주민으로, 종종 우리 가게에서 물건을 구매하던 단골 고객이었습니다. 그는 몇 가지 물건을 찾으며 사용법에 대해 질문했고, 한가한 틈을 타 자연스럽게 서로 이야기를 나누게 되었습니다.

그와의 대화를 통해 폭스바겐 비틀에 대한 새로운 정보를 얻게 되었습니다. 현재 폭스바겐 비틀은 생산이 중단된 상태여서 중고차는 상태에 따라 부르는 게 값이라고 했습니다. 그는 인터넷 경매 사이트로 중고 비틀의 가격을 보여주었습니다. 차량 상태와 성능, 외부 및 내부의 관리 상태에 따라 가격이 천차만별이었습니다. 그런데 경매 가격은 제 상상을 훌쩍 뛰어넘는 수준이었습니다.

호기심이 발동한 저는 1946년식 폭스바겐 비틀, 즉 저와 동갑인 연식의 차 가격을 찾아보았습니다. 놀랍게도 상태가 양호한 차량은 7만 달러를 훌쩍 넘는 경우도 있었습니다. 그는 내게 심지어 이런 차조차 구하기 어려운 상황이라고 하더군요. 그 이야기에 저는 새삼 놀라움을 금치 못하며, 폭스바겐 비틀이 여전히 많은 사람들에게 사랑받는 차라는 사실을 다시 한번 실감했습니다.

바람이 거세게 불어옵니다. 빗방울도 점점 굵어져 갑니다. 아니나 다를까, 라디오와 거리 곳곳에 세워둔 비상 경계 탑에서 토네이도 경고 사이렌이 울리기 시작했습니다. 서둘러 상가 문을 닫고, 평생을 함께한 아내와 함께 다리를 건너 일리노이즈에 있는 우리의 스위트 홈으로 돌아가기로 했습니다.

결혼 후 단 하루도 떨어져 지낸 적 없는 아내와 오늘도 함께 퇴근하는 길, 차 안에서는 늘 그렇듯 평범한 대화를 나눕니다. 여느 할아버지와 할머니의 대화처럼 손주들 이야기로 시작해 아들과 딸들 이야기로 이어지고, 때로는 사업 이야기도 덧붙여지죠. 대화 주제는 자주 반복되지만, 매일 새롭게 느껴지는 일상의 소소한 즐거움입니다.

그날도 45분 정도 소요되는 귀가 시간은 CD 플레이어에서 흘러나오는 한국 복음성가가 차 안을 가득 채웠습니다. 그러나 강한 빗소리와 토네이도 경고음이 더해지며 성가 소리가 잘 들리지 않자 CD를 끄고, 대신 빗소리에 귀를 기울이며 천천히 운전했습니다. 도로 위의 차량들도 마치 거북이처럼 느리게 이동하며 열대성 폭우와 토네이도의 위험을 조심스레 피해가고 있었습니다.

문득 저는 옆자리에 앉은 아내를 향해 뜬금없이 말을 꺼냈습니다. "여보, 1946년식 폭스바겐 비틀 중고차 가격이 7만 불이 넘는 다네요. 처음에는 700불에 판매됐던 차가 말이에요."

아내는 제가 폭스바겐 비틀에 관심이 많다는 걸 기억하고 있었는지, 제 말을 듣고 고개를 돌려 저를 바라보았습니다. "1946년식 폭스바겐 비틀 말이에요?" "그래요. 그 정도 가격을 받으려면 엔진 고장이 없어야 하고, 도색 상태도 좋아야 하고, 외부는 사고 흔적 없이 깔끔해야 하고, 내부도 1946년 출고 당시의 오리지널 상태를 잘 유지하고 있어야 한다네요."

아내에게 설명한 내용은 단순했지만, 그 대화는 예상치 못한 방향으로 이어졌습니다. 아내는 가끔 제 머리를 번뜩이게 만드는 날카로운 질문을 던지곤 합니다. 이번에도 그랬습니다. 그럼 "46년생인 당신은 지금 얼마의 가치가 있다고 생각해요?"

그 질문은 저의 정곡을 찌르는 듯했습니다. 원래 말수가 적고, 생각이 깊은 아내는 저보다 두뇌 회전이 훨씬 빠른 사람입니다. 그녀는 제가 지금 어떤 생각을 하고 있는지 이미 간파하고, 그것을 밖으로 끌어내려는 듯했습니다. 사실 저는 이날 이른 퇴근 길 내내 1946년식 폭스바겐 비틀의 가치와 같은 1946년생인 저 자신의 가치를 비교하며 생각에 잠겨 있었습니다.

1946년식 폭스바겐 비틀은 처음 판매 당시 700불이었지만, 78년이 지난 오늘날 그 가치는 7만 불을 훌쩍 넘었습니다. 하지만 1946년생 조원구, 즉 저의 가치는 과연 얼마나 될까?

얼마 전, 심장에 혈액 공급이 잘 안 되어 스탠트를 5개나 삽입하는 시술을 받았고, 위장에 종양이 생겨 절제 수술도 받았습니다. 치아는 여기저기 고쳐 쓰는 형편이고, 작은 글씨를 읽기 위해 돋보기를 써야 하며, 언젠가 친한 지인이 제 대머리를 가리키며 "도대체 어디까지가 얼굴이고, 어디서부터 머리냐"고 농담했던 적도 있습니다. 자동차로 비유하자면, 엔진 상태도 엉망이고, 도장은 벗겨지고, 내부 장식도 낡아 버린 오래된 차와 다름없는 모습입니다.

이런 제가 중고 시장에 나간다면 과연 누가 사려 할까요?

그런 생각에 빠져 있던 저에게 아내의 질문은 예상치 못한 각성을 불러일으켰습니다. "당신은 지금 얼마의 가치가 있다고 생각해요?"라는 물음에 저는 입가에 멋쩍은 웃음을 지으며 침을 꿀꺽 삼켰습니다.

1946년식 폭스바겐 비틀처럼 제 가치를 평가하려 한다면, 그것은 저 스스로를 과소평가하거나 왜곡된 잣대로 바라보는 함정에 빠지게 만드는 일일 것입니다. 아내의 질문을 통해 저는 제 자신의 자존감을 다시 돌아보게 되었습니다.

'자존감'이란 자신을 존중하고, 스스로를 가치 있는 존재로 여기는 마음이 아닐까요? 이는 자신을 얼마나 긍정적으로 바라볼 수 있느냐와 깊은 관련이 있을 것입니다. 저는 "너는 내 사랑하는 아들이요, 내가 기뻐하는 자라"(마 3:17)는 구절을 무척 좋아합니다. 이 말씀은 저에게 크나큰 위로와 확신을 주며, 저의 가치를 다시금 되새기게 합니다.

그렇습니다. 세상 기준으로 잴 수 없는 가치가 있다는 것을 깨닫게 되었고, 그것은 제가 삐뚤어진 기준으로 저 자신을 평가하지 않게 하는 힘이 되었습니다. 이제 저는 더 이상 저를 증명하기 위해 애쓰지 않으려 합니다. 내 가치를 아는 이는 세상도, 다른 사람도 아닌, 나를 사랑하고 존귀하게 여기는 하나님 한 분뿐이라는 사실을 믿기 때문입니다.

"너는 내 사랑하는 아들이요, 내가 기뻐하는 자다"라는 말씀은 제가 무척 아끼며 가슴 속에 담아둔 구절입니다. 이 말씀을 떠올릴 때마다, 예수께서 들려주신 비유 하나가 떠오릅니다. 바로 탕자의 비유입니다.

부유한 아버지에게는 두 명의 아들이 있었습니다. 첫째

아들은 장남답게 아버지의 칭찬을 받으며 가업을 성실히 이어갔지만, 둘째 아들은 방탕한 생활로 가족들에게 실망을 안겨주곤 했습니다. 그러던 어느 날, 둘째 아들은 아버지에게 자신의 상속 재산을 미리 달라고 요구합니다. 아버지는 마지못해 재산의 일부를 건네줬고, 둘째 아들은 이 돈을 가지고 집을 떠나 방탕한 생활을 시작했습니다. 하지만 그는 재산을 금세 탕진해 버리고, 끝내 거지 신세로 전락하고 맙니다.

굶주림에 허덕이며 돼지가 먹는 사료를 훔쳐 먹을 정도로 비참한 삶을 이어가던 둘째 아들은 문득 깨닫습니다. '내 아버지 집에는 먹을 것도, 입을 옷도 넘쳐나는데, 나는 여기서 굶어 죽고 있구나. 이렇게 죽을 바에야 차라리 아버지 집으로 돌아가 종으로라도 살자.' 그는 큰 용기를 내어 아버지 집으로 돌아가기로 결심합니다.

둘째 아들이 돌아오고 있다는 소식을 들은 아버지는 마을 어귀까지 나와 그를 기다리고 있었습니다. 먼 길에서 아버지를 본 둘째 아들은 무릎을 꿇고 울부짖습니다. "저를 아들이라 부르지 마시고, 아버지의 종으로 받아 주십시오." 그러나 아버지는 초라하고 거지 같은 모습의 아들을 보자마자 달려가 와락 끌어안습니다. "내 아들이 죽었다가 살아 돌아왔다! 어서 목욕시키고, 제일 좋은 옷을 입히고, 잔치를 열어라! 잃었던 아들이 돌아왔으니 이 얼마나 기쁜 날인가!" 탕자의 비유는 우리에게 깊은 교훈을 남깁니다. 거지가 된 탕자는 스스로를 종으로 평가했지만, 아버지는 변함없이 그를 소중한 아들로 받아들였습니다. 좋은 음식과 옷을 마련하며 잃었던 아들을 기쁨으로 환영한 것이죠.

이 이야기처럼, 우리가 실패하더라도, 건강을 잃더라도, 공부를 못하거나 돈이 없어도, 외모가 못생겼다고 해도, 우리의 가치는 변하지 않습니다. 하나님께서는 변함없이 우리를 사랑하시며, 존귀하게 평가하고 계시다는 사실입니다. 그러나 만약 제가 지금 저 자신을 세상 기준으로 평가한다면, 그 결과는 실망스러울 수밖에 없을 것입니다. 제 건강은 심장에 스텐트 5개를 삽입해야 할 정도로 약해졌고, 관절 통증으로 오래 걷기도 힘들며, 피부는 세월의 흔적을 고스란히 담고 있습니다. 혈관은 이곳저곳 막혀 손발이 저리고, 대머리가 된 머리는 농담거리로 전락했죠. 자동차로 비유하자면, 엔진도 낡았고 도색은 벗겨지고 내부 장식도 모두 망가진 상태라 할 수 있습니다. 이런 제가 중고차 시장에 나간다면 과연 누가 사려 할까 생각해봅니다. 하지만 이런 생각은 자존감을 망각했을 때의 산물입니다. 제가 믿고 의지하는 하나님은 제가 생각하는 낡은 외형이 아닌, 제 본질의 가치를 귀히 여기고 평가하신다는 사실을 종종 잊고 있는 것이죠.

　얼마 전 읽은 흥미로운 이야기가 떠오릅니다. 어느 칼럼니스트는 이렇게 썼습니다. "네가 너무 작은 존재라고 느낀다면, 모기와 함께 잠을 자보라." If you think you are too small to make a difference, try sleeping with a mosquito 작은 존재도 세상에 큰 변화를 일으킬 수 있다는 뜻입니다.

　저는 누군가에게는 하찮은 존재처럼 보일지 모르지만, 제 아내에게는, 그리고 사랑하는 아들과 딸들, 손주들에게는 절대적인 가치가 있는 사람임을 믿습니다. 시카모어 대학교에서 봉직하며 제 역할을 다하고 있는 제 자신에게도 그렇습니다.

 이것이 바로 저의 정체성이자 자존감이며, 저의 존재 가치입니다. 이제 저는 더 이상 세상 사람들에게 제 가치를 증명하려고 애쓰지 않을 것입니다. 저를 평가하시는 이는 세상 그 누구도 아니고, 오직 제가 믿고 의지하는 하나님 한 분이심을 분명히 알고 있기 때문입니다. 나의 가치를 의심치 않고 묵묵히 제 길을 걸어갈 것입니다

조원구의
4번째
인생
이야기

나를 변화시킨
한 권의 책

　많은 사람들은 한 권의 책이 자신의 삶에 깊은 영향을 미쳤다고 이야기하곤 합니다. 유명한 인물이나 작가들 역시 특정 책이 자신의 인생에서 중요한 전환점이 되었다고 회고하는 경우가 많습니다. 저 또한 그런 경험을 한 적이 있습니다.

　한국 전쟁이 휴전으로 접어든 이후, 어린 저를 비롯한 모든 국민들은 폐허가 된 나라에서 하루하루를 견디며 살아가야 했습니다. 먹고, 입고, 자는 것과 같은 기본적인 생존 그 자체가 삶의 목표였고, 모두가 힘을 합쳐 무너진 일상을 복구하고 사회 질서를 회복하려 애쓰던 시절이었습니다. 거리에는 전쟁의 상흔이 고스란히 남아 있었고, 어른이든 아이든 할 것 없이 누구나 자신의 몫 이상을 감당하며 살아가야 했습니다.

그 시절, 저는 종로 5가 장안 백화점에서 한복집을 운영하시던 어머니를 도우러 방과 후면 어김없이 서울역에서 전차를 타고 종로까지 가곤 했습니다. 당시 전차 요금은 5원 남짓이었고, 흔들리는 차창 밖 풍경을 바라보며 짧은 여행 같은 이동을 했던 기억이 아직도 생생합니다. 한복집 문을 열고 "어머니, 저 왔어요~" 하고 들어서면, 어머니는 반가워하시면서도 단호하게 말씀하셨습니다. "네가 안 도와줘도 괜찮으니, 졸업 앞두고 좋은 대학 갈 준비나 해라." 마치 쫓아내듯 말이죠.

그렇게 저는 어머니의 마음을 헤아리며 종로 한복판을 돌아 나와 근처 종로도서관으로 향하곤 했습니다. 처음엔 마땅히 갈 곳이 없어 발길을 돌렸지만, 곧 그곳은 저에게 보물창고 같은 공간이 되었습니다. 큼직한 도서관에서 수많은 책들 사이를 누비며 마음껏 책을 읽을 수 있었고, 그 시간들은 제 안의 상상력과 사고를 자라게 한 소중한 밑거름이 되었습니다.

이처럼 어려운 환경 속에서도 공부에 전념하며 꿈을 키우던 저는, 마침내 1970년 큰 결심과 기대 속에 고국을 떠나 이민 길에 오르게 되었습니다. 새로운 땅에서의 삶은 결코 쉽지 않았지만, 그 시기 고국에서 들려온 소식은 늘 저의 마음을 붙들었습니다. 박정희 장군이 5.16 군사 정변을 통해 정권을 잡은 후, '전후의 혼란을 수습하고 부강한 나라를 만들겠다'는 명분을 내세워 대통령이 되었고, '잘 살아보세'라는 힘 있는 구호 아래 시작된 새마을 운동이 전국적으로 확산되어 눈에 띄는 성과를 거두고 있다는 이야기였습니다. 산업화와 근대화의 물결 속에 고국이 점차 안정을 찾아가는 모습은, 먼 타국에서 살아가는 제게 큰 위안이자 자긍심이 되었습니다.

1960년대의 한국은 지금처럼 출판 환경이 활발하지 않았습니다. 국내 작가들의 신간보다는 해외 문학 도서 번역본이 주를 이루었기에, 서가에는 낯선 나라 작가들의 이름이 더 익숙하게 자리하고 있었습니다. 그런 시대적 배경 속에서 우연히 제 손에 들어온 책이 바로 《돈키호테》였습니다.

《돈키호테》는 1605년, 스페인의 미겔 데 세르반테스가 발표한 장편 소설로, 중세 기사 문학을 풍자한 세계적인 고전 소설입니다. 주인공 알론소 키하노는 시골 귀족으로, 기사 소설에 깊이 몰두한 나머지 자기 스스로를 '돈키호테'라

칭하며 낡은 갑옷과 말, 그리고 상상 속의 임무를 짊어진 채 진짜 기사처럼 모험을 떠납니다.

그의 곁에는 늘 충직하고 현실적인 하인 산초 판사가 동행합니다. 이 둘은 성격부터 세계를 바라보는 방식까지 극명하게 대비되는데, 그로 인해 환상과 현실이 얽히는 흥미로운 이야기가 펼쳐집니다. 그들은 여정 중에 초라한 차림과 어눌한 말투로 조롱과 오해를 받기도 하고, 때로는 사람들의 따뜻한 연민을 이끌어내기도 합니다.

제 기억에 가장 또렷하게 남아 있는 장면은 돈키호테가 거대한 풍차를 괴물로 착각하고, 정의를 실현하겠다는 일념으로 말을 몰아 창을 들고 돌진하는 장면입니다. 결국 그는 풍차 날개에 휘말려 땅바닥에 내동댕이쳐지어 만신창이가 되고 맙니다. 이 우스꽝스럽고도 비극적인 장면은 웃음을 자아내면서도, 이상과 현실 사이의 커다란 괴리를 절실하게 느끼게 해주었습니다. 또 다른 인상 깊은 에피소드는 여관 주인을 성주로 착각한 돈키호테가 기사 작위를 수여해달라고 부탁하는 장면입니다. 그의 말과 행동은 현실과는 전혀 맞지 않는 엉뚱한 허상에 가까웠지만, 그 속에서는 오히려 순수한 열정과 고귀한 신념이 엿보였습니다. 어쩌면 그는 현실을 벗어나고자 했던, 시대를 초월한 낭만주의자였는지도 모릅니다.

강을 건너 머물고 하늘을 향해 걷다

특히 아직도 내 머리 속에 깊이 맴돌고 있는 마지막 장면 중 하나는 돈키호테의 친구들이 그의 망상을 끝내려는 의도로 벌이는 결투입니다. 이 결투에서 패배한 후 돈키호테는 삶의 의지를 잃고 결국 생을 마감하게 됩니다. 친구들이 진심으로 그를 돕고자 했던 의도는 충분히 이해되지만, 그들의 과도한 간섭은 오히려 돌이킬 수 없는 결과를 낳게 됐습니다. 이는 '선의로 포장된 지나친 개입이 때로는 더 큰 상처가 될 수 있다'는 생각을 남겼습니다.

돈키호테는 비록 세상의 조롱과 오해 속에서 수 차례 실패를 경험하지만, 끝내 자신의 신념을 굽히지 않습니다. 그의 모습은 어리석어 보이기도 하지만, 현실에 순응하지 않고 자신의 길을 꿋꿋이 걸어가는 진정한 용기를 보여줍니다.

당시 고등학교 졸업을 앞두고 감수성이 예민했던 저에게 이 작품은 단순한 소설을 넘어 하나의 인생 교훈이자 정신적 충격이었습니다. 이상을 좇는 일이 비현실적으로 보일 수 있다는 사실을 깨달으면서도, 꿈을 향한 여정만큼은 결코 포기하지 않겠다는 다짐을 새기게 되었습니다. 돈키호테는 저에게 '비현실 속에서 진실을 찾는 여정'의 의미를 가르쳐준 소중한 문학 선생이었습니다.

1960년대는 전쟁의 상흔이 채 가시지 않은 불안정한 시대였습니다. 제가 할 수 있는 일은 매우 제한적이었고, 아니

어쩌면 할 수 있는 일이 아무것도 없었다고 해도 과언이 아닌 상황이었습니다. 하지만 《돈키호테》를 읽으며 저 역시 그처럼 이상과 꿈을 붙잡고, 현실의 벽 앞에서도 내가 가야 할 길이 무엇인지 묵묵히 고민하게 되었습니다.

   그 순간이야말로, 제 인생의 중요한 전환점이었습니다. 몇 날 며칠을 고민하던 어느 날, 운명 같은 기회가 찾아왔습니다. 저는 어떤 일이든 깊이 생각만 하고 가슴 깊은 곳에 묻어두기만 한다면 이루기는 더욱 어려워진다는 것을 잘 알고 있었습니다. 그래서 지금도 저는 깊은 고민 끝에 방향이 정해지면 그것을 나름대로 공표합니다. 제 곁에서 비익조比翼鳥처럼 함께하는 아내 명화 씨와 저의 신앙 멘토이자 존경하는 몇몇 목사님께 계획을 말씀드리며, '제 생각과 계획이 이렇습니다. 기도해 주십시오'라고 이야기합니다.

   며칠 후, 고등학교 졸업식을 마친 문필지교文筆之交이자 친한 친구인 이창묵의 아버지께서 저를 졸업 축하 저녁 식사에 초대하셨다는 기쁜 소식을 듣게 되었습니다.

   친한 친구 10여 명과 함께한 졸업 축하 저녁 식사 자리에서, 창묵이 아버님은 정성스럽게 끓인 인삼차를 한 잔씩 건네며 우리를 성인으로 대우해 주셨습니다. 따뜻한 눈빛으로 한 명씩 장래의 꿈이 무엇인지 물으시며 대화를 이어가셨습니다. 손에 든 따뜻한 찻잔 때문인지, 아니면 그 자상한 분위기 때문인지, 저는 어느새 긴장이 풀리고 마음이 눈 녹듯 편안해졌습니다. 그 순간, 창묵이 아버님의 자상한 모습을 바라보며 문득 제 아버지와 비교하게 되었습니다. 그래서는 안 된다고 스스로를 다잡았지만, 복잡한 감정이 교차하는 가운데 저는 찻잔을 들어 마른 목을 적셨습니다.

한국 전쟁 후, 급속한 사회 변화와 절대적인 가난의 시대는 가장인 아버지의 역할을 극도로 어렵게 만들었습니다. 이러한 환경 속에서 자연스럽게 어머니의 권한과 책임이 커졌는데 우리 가정도 예외는 아니었습니다. 이제 팔순을 앞두고 아버지를 떠올리며 자식을 키우는 부모의 마음을 조금이나마 이해하게 됩니다. '부모에게 자식은 어려서 양팔의 짐이요, 자라서는 마음의 짐이다'라는 말이 참으로 진실되게 다가옵니다.

아버지가 경제적인 역할을 이어가지 못하시자 어머니는 바느질 솜씨와 뛰어난 패션 감각으로 종로 5가 광장시장 근처에 있는 장안 백화점에 한복집을 열어 가정 경제를 책임지셨습니다. 어머니의 손재주와 노력 덕분에 가게는 점차 바빠지고 유명해졌지만, 아버지는 그 시대 여느 남성들과 다르지 않게 일상을 힘겹게 보내셨습니다. 매일 술에 의지하며 신세를 한탄하시던 아버지의 모습은 어린 제게 공포와 부끄러움의 대상이었습니다. 술만 드시면 집안은 공포 분위기가 되고 두려움에 떨었기에, 저는 술이 원수처럼

느껴졌습니다. 그래서 종교나 건강 때문이 아니라, 당시의
아버지 모습 때문에 지금도 술을 입에 대지 않고 있습니다.
하지만 이제 와서 생각해보면, 만약 제가 아버지와 같은
시대, 같은 환경에서 살았다면 같은 삶을 살았을 것이라는
생각이 듭니다. 반대로 아버지가 제 시대에 태어나셨다면
이름을 남길 만한 훌륭한 분이 되셨을지도 모릅니다. 강인한
모성애로 가정을 지켜야 했던 어머니의 경제 활동 속에서,
아버지는 점차 가족에게 부족하고 무능력한 가장으로
비춰졌습니다.

    이러한 자괴감에 지쳐버리신 아버지를 이해하지 못했던
당시를 돌아보면, 그때의 아버지 마음을 헤아리지 못했던
것이 가슴 아프게 다가옵니다. 교양과 인자함으로 우리를
대하셨던 창묵이 아버지의 모습이 제 아버지와 비교되는
것은 어쩌면 지극히 자연스러운 일이었을지도 모릅니다.
하지만 '친구는 선택할 수 있지만, 부모는 선택할 수 없다'라는
말이 있지 않습니까? 시대 환경의 영향으로 냉철함을 잠시
잃으셨던 아버지였지만, 이제 제 모습을 돌아보니 제가
얼마나 아버지를 닮아 있는지 새삼 깨닫게 됩니다.

    어려서부터 아버지를 지켜본 제 기억 속에서, 아버지는
남과 언쟁을 벌이신 일이 없으셨습니다. 어머니와 의견이
어긋나는 상황에서도 언성을 높이시는 법이 없었고, 오해를
받으셔도 항상 조용한 목소리로 상대방의 이해를 구하며

오래 기다리셨습니다. 그런 모습들이 결국 제 성격과 태도의 뿌리가 되었음을 깨닫습니다. 부전자전이라는 말에 딱 들어맞는 것 같아 새삼 아버지가 떠오릅니다.

 창묵이가 내 손을 살며시 건드리며 깊은 생각에 잠겨 있던 나를 깨웠습니다. 정신을 차려 보니 창묵이 아버님이 내 얼굴을 응시하며 "너는 앞으로의 꿈이 무엇이냐?"라고 질문하고 계셨습니다. 그때, 나도 모르게 큰 소리로 마음속에 품고 있던 이상과 꿈을 서슴없이 내뱉었습니다. "제 꿈은 이민을 가는 것입니다. 넓은 세상으로 나가 작금의 현실과 맞서며, 제가 목표한 삶을 개척해 나가려 합니다." 그 순간이 아직도 생생히 기억납니다. 제 대답을 들은 아버님과 친구들, 그리고 문필지교 창묵이의 얼굴도 잊을 수 없습니다. 잠깐의 적막이 흘렀습니다. 아주 짧았지만, 분명히 무거운 침묵이 있었습니다. 1960년대 당시, 해외에 나간다는 것은 매우 생소한 일이었고, 유교적 사상이 깊게 자리 잡은 시대에 '이민'이라는 단어 자체가 낯설게 다가왔기 때문일 것입니다.

 그렇게 저는 돈키호테처럼 현실과 이상의 갈림길에서 헤매며, 나의 꿈을 사람들 앞에서, 그리고 세상에 공표했습니다. 이전 글에서도 언급했듯이, 이민을 떠나 이상과 꿈을 추구하는 것은 단순히 현실을 무시하는 것이 아니라, 현실을 극복하고 더 나은 삶을 위한 발판을 마련하는 과정이었습니다. 온갖 역경과 문화적 차이를 이겨내며 꿈을 향해 나아갔던 제 모습을 기억하시리라 생각합니다.

교육 선교의
장을 열다

    2010년 10월, 지금으로부터 14년 전, 미국에서 은퇴를 앞둔 몇몇 교수들이 모여 누가복음 19장을 함께 읽으며 조용히 묵상하는 브런치 모임이 열렸습니다. 그날 저는 주일학교 시절부터 익숙했던 예수님과 삭개오, 여리고, 그리고 뽕나무 이야기가 담긴 누가복음 19장을 새롭게 이해하며 또 다른 사명의 메시지를 받게 되었습니다.

    많은 사람들이 이 이야기를 '어려운 환경 속에서도

예수님을 만나기 위해 노력하면 결국 예수님과 함께할 기회를 얻는다'는 교훈으로 해석합니다. 하지만 저는 그날 새로운 시각으로 이 사건을 바라보게 되었습니다.

　예수께서 여리고에 오신 가장 큰 이유는 삭개오를 만나기 위해서였으며, 뽕나무 아래로 걸어오신 것도 삭개오가 그곳에 있다는 것을 이미 알고 계셨기 때문이라는 깨달음을 얻었습니다. 예수는 이미 삭개오를 아셨습니다. 그가 여리고에 살고 있으며, 키가 작은 탓에 사람들에 가려 예수님을 볼 수 없어 뽕나무 위에 올라가 있을 것까지도 미리 아셨던 것입니다. 이는 시편 139편 1-4절에 기록된 말씀의 진리를 다시금 일깨워 줍니다.

> 여호와여 주께서 나를 살펴 보셨으므로 나를 아시나이다
> 주께서 내가 앉고 일어섬을 아시고 멀리서도 나의
> 생각을 밝히 아시오며 나의 모든 길과 내가 눕는 것을
> 살펴 보셨으므로 나의 모든 행위를 익히 아시오니
> 여호와여 내 혀의 말을 알지 못하시는 것이 하나도
> 없으시니이다

　이 장면을 통해 저는 예수님께서 삭개오와 뽕나무를 통해 우리에게 교육 선교의 사명을 부여하고 계심을 깨닫게 되었습니다. 우리 학교의 이름은 '시카모어 Sycamore,

즉 '뽕나무'를 뜻합니다. 이는 삭개오가 예수님을 만나기 위해 올라갔던 뽕나무처럼, 우리 학교도 누군가가 예수님을 만나고자 할 때 도움을 주는 역할을 하기를 바라는 마음에서 명명된 것입니다. 삭개오에게 뽕나무는 그가 직면한 장애물을 극복하고 예수님을 만날 수 있는 길을 열어준 도구였습니다. 우리 학교 또한 그러한 역할을 감당하기를 소망하며 이 이름을 붙였습니다.

지난 14년 동안 그래왔듯, 앞으로도 우리 학교는 예수께 나아오고 배우고자 하는 모든 이들에게 그분을 만날 기회를 제공하며, 사랑을 나누는 역할을 감당할 것입니다. 누구든지 이곳에서 예수님의 사랑과 진리를 배우고, 이를 세상에 전하는 사람이 되기를 소망합니다.

우리 학교의 모토인 'Lift up your eyes on high'(눈을 들어 높은 곳을 바라보라)는 단순히 시선을 위로 들라는 의미를 넘어서, 삶의 방향성과 태도에 대한 깊은 메시지를 담고 있습니다. 그것은 우리에게 더 넓은 시야를 갖고, 더 높은 비전과 희망을 품으라고 말합니다.

살다 보면 키가 작아 시야가 가려지듯, 크고 작은 장애물들 앞에서 우리의 길이 막힌 것처럼 느껴질 때가 있습니다. 그러나 그럴수록 우리는 눈을 들어 높은 곳을 바라보아야 합니다. 그것은 단순한 자세의 변화가 아니라, 생각과 마음의 방향을 바꾸는 첫걸음입니다. 마치 뽕나무 위의 가지 하나를 발견하고, 그곳에 오르려는 간절한 열망으로 기어이 장애를 넘어 올라서는 것처럼 말이지요.

이 모토는 우리에게 말합니다. "지금의 현실에 주저앉지 말고, 너의 한계를 넘어 더 높고 넓은 세상을 향해 나아가라." 그것은 단지 학업이나 진로에 대한 격려를 넘어서, 인생 전체를 향한 강한 응원입니다.

이러한 메시지를 가장 생생하게 보여주는 이야기 중 하나가 바로 리처드 바크 Richard Bach 의 소설 《갈매기의 꿈》 Jonathan Livingston Seagull 입니다. 조나단은 평범한 갈매기가 아닙니다. 대부분의 갈매기들이 단지 먹이를 찾는 일에만 몰두할 때, 조나단은 비행 그 자체에 매료됩니다. 그는 더 높이, 더 멀리, 더 빠르게 날고 싶어 합니다. 비행은 그에게 단순한 생존의 수단이 아니라, 존재의 이유이고 삶의 열정이었습니다.

조나단은 계속해서 도전합니다. 수없이 실패하고, 때로는 공동체로부터 외면당하기도 하지만, 그는 결코 멈추지 않습니다. 바람을 가르고 수직으로 상승하고, 낙하하며 속도를 조절하는 그의 노력은 비행을 하나의 예술로 승화시킵니다. 그는 끝없이 연습하며 자신의 한계를 넘어섭니다. 그리고 마침내, 그는 누구도 가보지 못한 하늘의 경지에 도달합니다.

조나단의 여정은 비행의 기술을 익히는 것에 그치지 않습니다. 그것은 자신의 본질을 찾아가는 과정, 진정한

자유를 향한 여정입니다. 조나단은 단지 높이 나는 법을 배운 것이 아니라, 삶을 진정으로 살아가는 법을 배운 것입니다.

  그의 꿈은 우리 모두에게 강렬한 메시지를 전합니다. "더 높은 곳을 바라보라." 바로 그것이 우리 학교의 모토와 맞닿아 있습니다.

  조나단처럼 우리도 자신의 꿈과 가능성을 향해 도전해야 합니다. 때로는 외로움과 두려움이 우리를 막아설지라도, 그 너머에는 우리가 상상도 하지 못한 하늘이 기다리고 있습니다. 학교의 모토는 단지 벽에 걸려 있는 문구가 아니라, 오늘을 사는 우리에게 매일 건네는 초대장입니다.

눈을 들어, 너만의 하늘을 보라.
그리고 그곳을 향해 날아올라라.

　사실 저는 오래도록 학교에 다녔지만, 직접 학교를 설립하는 일에 관여하게 될 것이라곤 한 번도 생각해 본 적이 없었습니다. 그러나 은퇴를 앞둔 교수님들과의 만남을 통해, 배움의 기회를 놓친 이들에게 다시 학업의 길을 열어주는 일이 얼마나 보람된 일인지 깊이 깨닫게 되었습니다. 그 만남은 제 마음에 새로운 씨앗을 심어준 소중한 계기였습니다.

　그날 참석한 교수님들 중 한 분과는 특히 가까운 관계를 유지하고 있습니다. 그분은 저를 그 모임에 초대해 주신 분으로, 캘리포니아의 보수주의적 신학대학원에서 부총장과 종교철학 주임교수로 오랫동안 학생들을 가르치고 학교를 운영한 풍부한 경험을 가진 분입니다. 15년 전, 세인트루이스에 위치한 기독교 대학교의 교수로 부임한 이후, 기독교 세계 교육 선교회를 관리하며 저와 함께 남미 페루, 아이티, 이스라엘 예루살렘 등 여러 나라에서 교육 선교 세미나를 기획하고 진행하셨습니다. 또한, '사랑의 이웃 돕기 운동'을 위해 제가 설립한 미가 선교회에서 지도 교수로 봉사해 주시기도 했습니다.

　은퇴한 교수님들과의 브런치 시간이 끝난 후, 저는 제

꿈을 그분과 나누고 싶어 따로 대화를 나눴습니다. 당시 제 마음속에 떠오른 꿈은 2002년 6월 4일, 한일 월드컵 D조 1차전에서 대한민국이 폴란드를 상대로 2:0으로 승리하며 시작된 열풍 속에서 많이 회자된 말, "꿈은 이루어진다"[A dream come true]라는 문구로 요약할 수 있었습니다. 마치 그때 함성과 함께 울려 퍼진 '짝짝 짝 짝짝! 대~한민국!'의 외침이 떠오르던 순간이었죠. 그 꿈이 실현되는 순간이 제게도 다가왔던 것입니다.

    시카모어 대학교[Sycamore University California]는 2012년 7월 25일, 미 연방정부로부터 비영리 학교 법인으로 인가를 받았습니다. 이어 캘리포니아주 교육청으로부터 박사, 석사, 학사 학위 수여에 대한 인준을 받았으며, 미군 재향군인회 장학금을 받을 자격도 갖추게 되었습니다. 지금 이렇게 지난날을 회상하며 몇 줄 적어나가지만, 당시 학교 설립과 인가 과정을

떠올리면 감회가 새롭습니다.

　미국 내 학교 설립과 운영에 대한 정보와 상식이 부족했고, 재정적 기반도 매우 빈약한 상태에서 시작한 일이었습니다. 그러나 마음속에 심어진 작은 꿈의 씨앗이 결실을 맺어가는 과정을 보며 말로 다할 수 없는 기쁨과 함께 막중한 책임감, 그리고 두려움마저 느꼈던 순간들이 아직도 생생히 기억납니다. 배움의 기회를 놓친 이들에게 다시 학업의 문을 열어주고자 했던 소박한 꿈은 시카모어 대학교의 설립으로 현실화되었습니다. 또한, 효과적인 교육 진행을 위해 전문인 교육 선교사로 임명을 받은 후, 미국 남침례회 교단과 협력하여 중국 기독교 지도자들을 위한 대학 과정을 시작하게 되었습니다.

　처음에는 신학, 교육학, 상담학을 중심으로 학사 과정을 운영하며, 제가 개인적으로 절약해 모은 기금과 봉사 중인 미가 선교회의 도움을 받아 학생들에게 학비 전액 장학금을 제공했습니다. 기회가 주어져 중국을 중심으로 하는 지역에서 본 교의 Teaching Site를 열어 북쪽으로는 내몽골, 서쪽으로는 러시아 하바롭스크 지역에 이르기까지 중국 서북부 전역에서 중국 기독교 학생들과 조선족 기독 사역자들이 이 프로그램에 참여했습니다.

　시카모어 대학교는 3+1 교육 시스템이라는 특별하고 독창적인 방식을 도입했습니다. 이

시스템은 Intensive(집중강의), Internet(온라인강의), Individual(개별지도)이라는 세 가지 축을 중심으로, 한 학기 과정을 한 달은 집중 강의를 진행하고, 나머지 기간에는 온라인 수업과 지도 교수와의 개별 소통을 통해 학위를 취득할 수 있도록 설계하였습니다.

2010년대 당시 중국 정부는 기독교에 대해 비교적 관대한 정책을 유지하고 있었습니다. 이러한 환경 덕분에 우리 학교는 강의를 공개적으로 진행할 수 있었으며, 학생들은 영하 40도의 추위 속에서도 열정적으로 참여했습니다. 학사 과정이 몇 년간 성공적으로 운영된 후, 목회를 희망하는 학생들이 늘어나면서 목회학 석사과정을 추가로 개설하게 되었습니다. 이를 통해 약 50명의 학생과 중국 내 기존 교회 사역자들이 전원 장학생으로 석사과정을 마칠 수 있었습니다. 장학금은 학교 이사들의 헌금과 교직원들의 헌신을 통해 조성된 기금에서 지원되었습니다. 그러나 시간이 지나면서 중국의 상황은 급격히 변했습니다. 경제적으로는 눈부신 성장을 이루었지만, 종교에 대한 정부의 규제와 제한은 점점 더 강화되었습니다. 외국 선교단체와 기독교 대학의 활동이 크게 제약을 받았습니다. 2016년에는 우리 학교도 중국 내 교육 선교를 잠정 중단할 수밖에 없는 상황에 직면했습니다.

마지막 해에는 강의를 비밀리에 진행해야 할 정도가 되었고, 일부 학생들은 종교법 위반으로 체포되거나 정부로부터 복지 혜택을 박탈당하는 일까지 발생했습니다. 결국 이사회, 교수진, 그리고 학생 대표들과의 논의를 거쳐 중국에서의 활동을 잠정적으로 중단하기로 결정했습니다. 그러나 지금까지도 학사 및 석사과정을 졸업한 200여 명의 학생들은 자신들에게 맡겨진 자리에서 충실히 사역을 이어가고 있습니다. 어떤 이는 가정에서 예배와 성경 공부 모임을 인도하고 또 다른 이는 소규모 지하교회를 운영하며, 기차역이나 버스 터미널에서 개인 전도를 꾸준히 이어가고 있다는 소식을 들을 때마다, 장학금을 마련하고 교육 선고를 위해 애썼던 모든 순간들이 커다란 보람으로 다가옵니다.

대륙을 향한 교육 선교의 방침

중국에 기독교가 처음 전파된 정확한 시기와 경로는 명확히 기록되어 있지 않으나, 전승에 따르면 예수님의 제자인 바돌로매가 첫 중국 선교사로 알려져 있습니다. 이는 인도에서 전해지는 이야기로, 바돌로매가 사도 도마와 함께 인도에 도착한 후 중국으로 선교 사명을 확장했다고 전해집니다. 이러한 복음의 전파는 인도와 중국을 넘어 일본과 한국으로 이어지며 동아시아에 기독교의 길을 열었습니다.

그러나 중국은 역사적으로 겉으로는 종교의 자유를 보장하면서도 포교 활동을 금지하는 모순적 정책을 유지해 왔습니다. 이는 외국인에 대한 불신과 아편전쟁으로 인한 서구 열강에 대한 기억에서 비롯된 것입니다.

19세기 초, 청나라는 영국과의 아편전쟁으로 극적인 패배를 겪었습니다. 영국은 중국에서 차와 비단을 수입하고, 대금으로 인도 벵골 지방에서 재배된 아편을 판매하며 이익을 챙겼습니다. 아편 확산으로 심각한 사회문제가 발생하자, 청나라는 이를 금지했고, 이를 빌미로 영국은 전쟁을 일으켰습니다. 전쟁의 결과로 체결된 난징조약(1842년)을 통해 영국은 청나라에 막대한 배상금과 항구 개방, 홍콩 할양 등을 요구하며 불평등한 조건을 강요했습니다.

난징조약과 함께 미국이 체결한 왕샤조약(1844년)에는 기독교 선교 활동을 허가하는 조항이 포함되어 있었습니다. 그러나 이 조약들은 중국인들에게 서구 열강의 침탈로 여겨져 깊은 상처를 남겼고, 일부는 기독교 선교사를 스파이로 간주하는 부정적 인식을 갖게 되었습니다.

이러한 역사적 맥락 속에서도 기독교는 중국 내륙 깊숙이 확산되었으며, 수많은 교회가 세워졌습니다. 그러나 1966년 문화대혁명이 시작되면서 "종교는 아편이다"라는 구호 아래 기독교 활동은 사실상 중단되었고, 심지어 공자의 사당마저

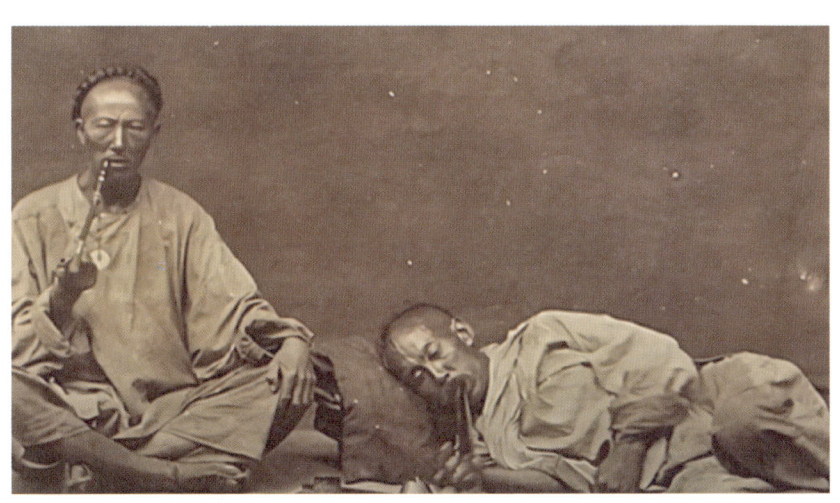

파괴되는 극단적 종교 탄압이 이루어졌습니다.

    오늘날 중국은 종교의 자유를 표방하지만, 실제로는 포교 활동과 외국인의 종교 활동을 엄격히 제한하는 정책을 유지하고 있습니다. 이는 모택동 주석 시기부터 시작되어 현재 시진핑 주석 체제에서도 지속되고 있습니다.

    우리 학교와 협력 이사들, 여러 지원 기관들은 이러한 환경 속에서도 교육 선교를 지속하려 노력해 왔으나 중국의 급격한 변화 상황으로 교육 선교의 방향 전환을 모색하게 되었습니다. 이를 위해 먼저 중국 역사와 정책을 면밀히 연구해야 했습니다.

    특히, 덩샤오핑 주석이 내세운 '도광양회'韜光養晦 철학과 28자 지침은 중국의 외교 및 내부 전략의 핵심이었습니다. 이 철학은 국제적 경제력과 국력을 충분히 갖추기 전까지 강대국들의 눈치를 보며 내부 역량을 강화하겠다는 전략으로, 이를 바탕으로 우리 학교는 중국 선교의 방향을 재설정하게 되었습니다.

    중국 문화와 철학에서 자주 사용되는 사자성어를 교육 선교 방침으로 삼은 예로, '인재는 때를 기다린다'라는 양재사시良才俟时와 큰일을 위해 때를 기다리는 모습을 표현한 '울지도 않고 날지도 않는다'라는 의미의 불비불명不飞不鸣였습니다.

    이러한 철학 아래 우리는 기다림과 인내를 통해 더 큰

결실을 맺을 수 있다고 믿으며 선교 방향을 재정비했습니다. 그렇게 새로운 길을 모색하던 중, 미국 총회로부터 새로운 지역에서의 교육 선교 제안을 받았습니다. 그 지역은 바로 아프리카의 에티오피아였습니다 에티오피아 수도 아디스아바바에 위치한 아디스아바바 침례신학교는 에티오피아 기독교 사역자들을 양성하는 교육기관으로, 오랜 역사와 함께 에티오피아 교육부의 인가를 받은 신학교입니다. 그러나 학사, 석사, 정식 박사 학위과정을 운영할 수 있는 인가는 받지 못한 상황에서 정규 학위 제공이 가능한 대학의 도움이 절실했습니다.

시카모어 대학교는 정규 학사, 석사, 박사 학위를 수여할 수 있는 인가된 교육기관으로, 이 프로젝트를 통해 아디스아바바 침례신학교를 지원하는 것은 우리 학교의 교육 선교 사명을 실현함과 동시에 중국에서 다 이루지 못한 교육 선교의 비전을 이어가는 기회로 여겨졌습니다.

2018년, 아디스아바바 침례교 총회가 제공한 건물에서 시카모어 대학교 산하 에디오피아 신학교를 설립하고 강의를 시작했습니다. 첫 학기에는 다양한 학력 배경을 가진 학생들이 입학하였으며, 준 학사, 학사, 석사과정을 통해 학문적 기반을 다지기 시작했습니다.

에티오피아는 아프리카에서 가장 많은 자연·문화유산을 보유한 나라 중 하나로, 솔로몬 왕과 스바 여왕의 후손

메넬리크 1세가 건국한 초기 기독교 왕국입니다. 악숨^{Axum}과 같은 성스러운 도시에는 법궤와 같은 유물의 전설이 전해지고 있으며, 서기 325년 기독교를 국교로 지정한 세계 최초의 국가로 기록되어 있습니다.

경제적으로는 어려움을 겪고 있지만, 역사적·문화적 가치가 풍부한 에티오피아에서 교육 선교는 중요한 사명으로 여겨졌습니다. 2024년 5월 7일, 아디스아바바 캠퍼스와 제레 지역에서 학사 및 석사학위 수여식이 열렸으며, 100여 명의 학생들이 학위를 받았습니다. 그 중 44명은 미국 정부가 인정하는 신학 석사학위를 취득해 사역지로 파송되었습니다.

지난 수년간 우리는 3+I 시스템^{Intensive, Internet, Individual}을 통해

미국 교수진과 협력하며 교육을 진행해왔습니다. 앞으로는 석사 졸업생 중 우수한 인재를 선발해 교수 자격을 갖출 수 있도록 재정적·교육적 지원을 확대할 계획입니다.

    이 프로젝트는 저에게 마지막 소망이자 사명으로 느껴집니다. 육체적·정신적 한계를 느끼는 지금, 이 일을 하루라도 빨리 완수하고자 서두르고 있습니다.

    시카모어 대학교의 에티오피아 교육 선교는 중국에서 시작된 비전을 이어받아 새로운 장을 열었으며, 침례신학교의 학문적 발전과 기독교 리더 양성을 통해 에티오피아와 세계를 변화시키는 선교 사명을 실현하고 있습니다.

행복한 공주
로티문 선교사

대륙의 교육 선교를 이야기할 때, 로티 문$^{Lottie Moon}$ 선교사 이야기는 빼놓을 수 없습니다. 그녀의 교육 철학과 헌신적인 활동은 우리 학교의 교육 선교 사명에 등대와 같은 표준을 제시해 주었기 때문입니다. 로티 문 선교사의 철학은 단순히 학문을 가르치는 데 그치지 않고, 사람을 변화시키고 영혼을 세우는 데 초점을 맞추었습니다. 이러한 정신은 우리 학교의 교육 선교 비전과 깊이 맞닿아 있습니다.

그녀의 헌신과 사랑은 오늘날까지도 전 세계 기독교 교육의 본보기로 남아 있으며, 이를 기념하는 로티 문 헌금$^{Lottie Moon Offering}$은 매년 성탄절에 많은 기독교 교회에서 이어지고 있습니다. 로티 문 선교사는 미국 버지니아주에서

태어나, 당시 여성만 입학할 수 있었던 엘버메얼 대학에서 학업을 마쳤으며, 미국 남부 최초로 여성 석사학위를 받은 인물로 기록되었습니다. 남북전쟁 시기에는 켄터키, 조지아, 버지니아 등지에서 교사로 활동하며 학생들을 가르쳤고, 이후 미국 남침례회 선교사로 파송되어 중국 산둥성에서 39년간 교육 선교의 사명을 감당했습니다.

    그녀가 특별히 기억되는 이유는 단순히 지식을 전달하는 교사로 머물지 않고, 학생들을 진심으로 사랑하고 섬겼기 때문입니다. 로티 문은 남침례회에서 보내온 최소한의 생활비마저 아껴 학생들과 학교를 위해 사용했으며, 후원금 또한 자신보다 학교와 학생들을 위해 쏟아 부었습니다. 그녀는 모든 것을 나누며 희생적인 삶을 살았고, 그 결과

영양실조와 혹독한 추위 속에서 1912년 크리스마스이브에
생을 마감했습니다. 마지막 한 줌의 쌀, 마지막 한 조각의
땔감, 마지막 한 벌의 옷까지 학생들을 위해 내어놓은 그녀의
삶은 진정한 사랑과 희생의 본보기로 남아 있습니다.

오늘날에도 로티 문 선교사의 사랑과 헌신을 기리며,
성탄절 헌금으로 어려운 이웃을 돕는 전통이 이어지고
있습니다. 매년 조성되는 수억 달러의 기금은 그녀의 이름
으로 전 세계 곳곳에서 사랑과 나눔에 사용되고 있습니다.
한국에서도 구세군 자선 냄비의 종소리가 울려 퍼질 때마다,
로티 문 선교사의 헌신과 사랑이 함께 떠오릅니다.

개인적으로 로티 문 선교사의 삶을 생각할 때마다,
오스카 와일드 Oscar Wilde 의 동화 《행복한 왕자》 The Happy Prince 가
떠오릅니다. 이 동화는 진정한 행복이 무엇인지 사랑과
희생을 통해 깨닫게 합니다.

행복한 왕자는 생전에 화려하고 풍요로운 삶을 살았고,
죽은 뒤에는 금과 보석으로 장식된 동상으로 세워졌습니다.
그러나 동상이 된 왕자는 마을을 내려다보며 고통 받는
가난한 사람들을 보고 자신의 생전 행복이 얼마나
상대적이었는지를 깨닫습니다. 한 마리 작은 제비는 왕자의
요청을 받아들여, 그의 금과 보석을 가난한 사람들에게
나누어 줍니다. 제비는 추위와 피로를 무릅쓰고 병든 아이,
가난한 가족, 고통 받는 여인을 돕지만, 결국 추위와 피로로

생을 마감합니다. 왕자의 동상도 제비의 죽음을 애도하며
결국 파괴됩니다. 그러나 하나님은 그들의 사랑과 희생을
가장 귀중한 것으로 여기시며, 그들을 영원한 기쁨 속으로
초대합니다.

"저 도시에서 가장 귀중한 것 두 가지를 가져오라"는
하나님의 명령에 천사는 왕자의 남은 심장 조각과 얼어 죽은

제비를 가져옵니다. 하나님께서는 말씀하십니다.

> 정말 잘 선택했다. 이 작은 제비는 나의 낙원의 정원에서 영원히 노래할 것이며, 행복한 왕자는 나의 황금 도시에서 나를 찬양할 것이다.

    이 이야기는 물질적인 부와 외적 조건을 뛰어넘는 사랑과 나눔, 그리고 타인을 위한 희생이야말로 진정한 행복의 본질임을 전합니다. 로티 문 선교사의 삶은 동화 속 제비와 왕자처럼 깊은 여운을 남기며, 우리 모두에게 진정한 사랑과 헌신의 가치를 되새기게 합니다. 그녀의 헌신적인 삶은 중국 선교뿐만 아니라 우리 각자의 삶에도 큰 도전과 감동을 주고 있습니다.

    우리 학교가 교육 선교를 성공적으로 진행하며 졸업생들로부터 선교의 결실을 전해 들을 때마다, 이 모든 것이 선교사들의 기도와 헌신이 씨앗이 되어 맺어진 열매임을 느끼며 하나님께 감사와 찬양을 드립니다.

내 이름을 처음
불러주신 아버지

　　　　　첫 딸을 낳고 "은희"라고 이름을 지었습니다.
둘째 아들은 "태요", 셋째 딸은 "은지"로 정했습니다.
　　첫째 은희는 브라질에서 힘겨운 이민 생활을 시작한 지
얼마 지나지 않아 태어났습니다. 고달픈 이민 생활에서 큰
소망의 선물을 받았습니다. 품 안에서 꼼지락 거리는 아기를
보며 얼마나 기뻤는지, 떠오르는 이름이 "기쁨"이었지만,
"조 기쁨"이라는 이름은 그 당시 한국인의 사회적 통념에
부합하지 않아 이름을 그대로 사용하질 않고 대신, 기쁨을
의미하는 한자인 "喜"희를 선택하고, 하나님의 은혜로
주어진 기쁨이라는 뜻을 담아 "은희"恩喜라 이름을
지었습니다. 출생 신고는 브라질에서 흔히 쓰이는 여자아이
이름인 "알렉산드라"Alexandra로 하여, 지금은 "알렉산드라

조"라는 이름으로도 불리고 있습니다. 가족과 친구들 사이에서는 친근하게 "샌드라"^Sandra 로 불리며 살아가고 있지요.

어릴 때부터 은희는 무엇이든 손에 잡히는 것을 가지고 벽, 책, 땅바닥 등 어디에나 그림을 그리는 것을 즐겼습니다. 그 열정은 결국 뉴욕의 파슨스 대학교^Parsons School of Design New York에서 회화를 전공하는 계기가 되었고, 화가의 길을 걸으며 자신만의 행복한 세상을 만들어 가고 있습니다. 창작 활동에 몰두하며, 기쁨의 의미를 삶으로 표현하고 있습니다.

둘째는 아들로, "태요"라는 이름을 지었습니다. 남미에서 미국 뉴욕으로 거주지를 옮긴 후 태어난 아들입니다. 태요는 어려서부터 남다른 수학적 재능을 보여주었고, 전국 수학 경연대회에서 두각을 나타내며 "모든 상을 쓸어 담았다"라는 표현이 어울릴 정도로 빛나는 성과를 거두었습니다. 이후 의학을 공부하고 내과 의사로서 많은 사람들에게 필요한 존재로 활약하고 있습니다. 미국에서 "태요"라는 이름이 발음하기 쉽지 않아 "윌리엄"^William 이라는 이름을 사용하고, 친구들은 애칭으로 "윌리"^Welly 라고 부르고 있습니다.

셋째는 딸로, 이름을 은지라고 지었습니다. 은혜 "은"^恩 자와 지혜 "지"^智 자를 담아, 하나님의 은혜를 지혜롭게 간직하자는 의미를 부여했습니다. 하지만 셋째에게는 어딘가 미안한 마음이 남아 있습니다. 첫째와 둘째의 이름을 지을

때는 아내 명화 씨와 함께 며칠 동안 깊이 고민하며 의미 있고 품격 있는 이름을 찾아냈지만, 셋째 때는 달랐습니다. 첫째 은희를 품었을 때의 기쁨, 둘째 태요를 얻었을 때의 뿌듯함에 비해 셋째 때는 기대했던 것과 다른 상황에 마음이 어수선했던 것 같습니다. 아내는 셋째를 임신 중에 "이번엔 둘째 태요를 가졌을 때보다 더 활발하게 움직이는 걸 보면 아들이 틀림없어요."라고 확신하곤 했습니다. 저도 자연스레 아들이 태어날 거라 믿으며 남자아이 이름을 미리 적어 둘 정도로 준비했지만, 막상 딸이 태어났다는 소식을 듣고는 잠시 혼란스러웠습니다. 그 순간 떠오른 이름이 "조은지"였습니다. 뜻을 곱씹으며, "하나님의 선물을 지혜롭게 간직하자"라는 다짐을 담아 지은 이름입니다. 은지는 "에스터"^{Esther}라는 영어 이름도 함께 갖게 되었는데, 구약성경에 등장하는 아하수에로 왕의 왕비이자 빛나는 별처럼 많은 사람들을 구했던 여인을 떠올리며 지었습니다. 은지 에스터는 현재 간호사로 일하며 자신의 안위보다 병들고 약한 사람들을 돌보는 삶을 살고 있습니다. 별처럼 빛나는 존재로서, 많은 이들에게 헌신하며 은지라는 이름의 뜻을 몸소 실천하고 있습니다.

 이름을 붙이고 부르는 행위는 인간 언어의 가장 기본적인 기능입니다. 특히 사물에 이름을 부여한다는 것은, 단순히 그것을 식별하기 위한 것이 아닙니다. 이 행위는 사물이나 개념을 인식하고, 의미를 부여하며, 그것들과의 관계를 설정하는 중요한 과정입니다. 이는 인간의 사고 방식과 사회적 상호작용에 깊은 영향을 미친다고 생각합니다. 이름은 단순한 식별의 역할을 넘어서, 그것의 본질, 속성, 그리고 관계를 나타내기 때문입니다.

 갓 태어난 자식에게 아버지가 이름을 짓고 부르는 행위는, 단순한 의무 이상의 깊은 의미를 갖습니다. 이는 가족의 정체성과 연결된 중요한 의식으로, 아이의 정체성을 형성하고 사회적 관계를 시작하게 하는 첫걸음입니다. 아버지가 아이의 이름을 지어 부른다는 것은 그 아이에 대한 사랑과 책임, 그리고 가족의 전통과 가치관을 반영하는 행위라 할 수 있습니다. 또한 이름은 아이가 성장하며 사회 속에서 자신의 위치를 인식하고 삶의 방향성을 형성하는 데 중요한 요소로 작용합니다.

갓난 아기는 시간이 지나면서 자신의 이름을 통해 자신이 누구인지 깨닫게 되고, 이는 자아 정체성의 중요한 일부가 됩니다. 이름은 단순한 호칭을 넘어, 가족의 일원으로서의 소속감을 부여하고, 그들의 삶에 방향성과 의미를 더합니다. 저 역시 자식들에게 이름을 지어주며, 그들의 이름 속에 제가 바라는 가치관과 기대가 담기길 희망했습니다. 그래서 첫째, 둘째, 셋째의 각각의 이름에는 특별한 뜻과 의미를 부여했으며, 그것이 그들의 삶에 긍정적인 영향을 미치길 바랐습니다.

저의 이름은 "원구"源求입니다. 저는 1946년 서울에서 태어났습니다. 태어난 날, 가까이 살고 계시던 고모와 가족들이 모두 모여 축하하는 자리에서, 아버지는 한문에 조예가 깊으셨던 고모부와 의논 끝에 저의 이름을 정했습니다. "원구"는 근원源을 구하다求는 뜻으로, 모든 것의 시작과 본질을 탐구하며 살아가라는 깊은 바람이 담긴 이름이었습니다. 이 이름은 억양도 부드럽고, 그 속에 담긴 의미도 풍부하여 어린 시절부터 자연스럽게 제 성격과 인격에 영향을 주었습니다. 저는 하던 일을 끝마치지 않으면 밥도 먹지 못하고 잠도 이루지 못하는 성격으로 성장했습니다.

원칙에서 벗어나거나 지름길을 택하거나, 눈속임 같은 행동은 도저히 할 수 없었습니다. 어쩌면 제 이름이 저를 끊임없이 다짐하게 만들었고, 그 결과 제 인격을 형성했다고 생각합니다.

저는 이름이 개인의 성장과 정체성 형성에 큰 영향을 미친다고 믿고 있습니다. 이름과 관련된 경험은 개인의 감정과 행동에 깊이 각인될 수 있으며, 이는 긍정적이든 부정적이든 한 사람의 삶과 그들의 자아 형성에 중요한 자극이 된다고 생각하고 있기 때문입니다.

이름은 개인이 성장하면서 자신의 정체성을 형성하는 데 중요한 역할을 합니다. 이는 단순히 불리기 위한 호칭을 넘어, 개인의 삶 전반에 걸쳐 여러 차원에서 영향을 미치는 중요한 요소입니다.

저는 자식의 이름을 부르거나 친구의 이름을 부를 때, 그 이름에 담긴 의미를 떠올리며 부르려 합니다. 이름은 단순히 우연히 정해지는 것이 아니며, 아무렇게나 지어지고 불려질 수 없는 중요한 가치를 지닙니다. 이름 속에는 부모의 사랑과 기대, 그리고 미래를 향한 깊은 소망이 담겨 있기 때문입니다. 아버지께서 이 이름을 지어주실 때, 그 안에는 저를 향한 사랑과 기대가 깃들어 있었습니다. 또한, 제 이름을 부르실 때마다 장차 펼쳐질 제 인생의 가능성을 기도하며 바라보셨을 것입니다. 저는 이 이름을 지어주시고 갓난 나에게 처음 내 이름을 "원구야~" 하며 불러 주시던 아버지께 깊은 감사를 드리며, 그 기대에 어긋나지 않는 이름의 소유자가 되기를 항상 다짐하고 있습니다.

이런 생각을 하다 보면 몇 가지 고사성어가 떠오릅니다. "명실상부."^{名實相符} 이름과 실상이 서로 부합해야 한다는 뜻이죠. 그리고 "호사유피, 인사유명."^{虎死留皮 人死留名} 호랑이는 죽어서 가죽을 남기고, 사람은 죽어서 이름을 남긴다는 말도 떠오릅니다. 이 말들은 우리가 살아가는 동안 이름에 걸맞은 삶을 살아야 함을 일깨워 줍니다. 요즘 흔히 사용하는 표현으로는 "이름값 한다." 혹은 "닉값 한다"는 말이 있지요. 이는 단순한 유행어를 넘어서, 이름이 가진 책임과 의미를 다시 한번 상기시키는 표현처럼 느껴집니다. 이름은 우리가 누구인지를 정의하고, 우리의 삶을 지탱하는 중요한 기반임을 잊지 않으려 합니다. 제 좌우명이자 가장 사랑하는 성경 구절은 신약성경 고린도전서 15장의 사도 바울의 고백입니다.

> 그러나 내가 나 된 것은 하나님의 은혜로 된 것이니 내게 주신 그의 은혜가 헛되지 아니하여 내가 모든 사도보다 더 많이 수고하였으나 내가 한 것이 아니요 오직 나와 함께 하신 하나님의 은혜로라 _ 고전 15:10

이 구절은 제가 살아가는 모든 순간에 큰 울림을 주며, 제 인생의 중심에 자리 잡고 있습니다.

비익조
나의 아내

당나라의 시인 백거이가 그의 시 〈장한가〉長恨歌에서 비익조比翼鳥를 통해 사랑의 이야기를 표현한 것을 떠올리며, 제 인생의 비익조인 아내에 대한 이야기를 적어보려 합니다. 당나라 시인 백거이는 그의 시 〈장한가〉에서 비익조에 대해 이렇게 표현합니다. 비익조는 태어날 때부터 눈 하나와 날개 하나만 가진 새입니다. 이는 주로 기러기로 묘사되며, 눈이 하나인 기러기는 멀리 있는 것을 볼 수 없고, 날개가 하나여서 스스로는 날 수가 없답니다.
그러나 두 마리가 서로를 만나 의지하며 함께 날아오를 때,
그들의 운명은 완전히 달라질 수 있다는 것입니다.

백거이는 이런 상상을 통해 사랑이란 무엇인지, 서로의
부족함을 채우며 하나로 완성되는 관계를 이야기했습니다.
저는 아내와 함께 걸어온 인생이 마치 비익조의 이야기와
같다고 느낍니다.

1965년 배를 타고 남미 파라과이로 이민을 떠난 고모
가족을 따라 이민을 준비하던 중, 먼 친척 할머니의 소개로
아내를 만나게 되었습니다. 1970년 봄, 우리는 결혼식을
올렸고 짧은 신혼생활을 보낸 뒤, 그 해 여름 저는 이민 길에
오르게 되었습니다. 이미 이민 비자를 받아 놓은 상태에서
갑작스럽게 결혼했기 때문에 아내 명화 씨와 함께 떠날 수
없었습니다. 그녀는 한국에 남아, 제가 보내줄 초청 이민
서류를 기다리며 오류동 친정에 머물게 되었습니다.

파라과이에 도착한 저는 부모님, 동생들과 함께 고모네가
마련한 터전에서 정착을 위해 분주한 나날을 보냈습니다.
고모님 가정은 이민 5년 차로, 파라과이에서 자리를 잡아
관상용 물고기와 아쿠아리움 장비를 판매하는 사업을 운영
중이었습니다.

저는 고모님을 도우며 현지 생활에 적응하기 위해
노력했고, 생계를 위해 다양한 일을 하며 이민자의 현실을

몸소 체험하고 있었습니다.

그러나 시간이 흐를수록 단순히 생계를 이어가기 위한 노동보다, 나에게 진정한 행복과 보람을 줄 수 있는 일이 무엇인지 깊이 고민하게 되었습니다. 이는 제가 새로운 시작을 결심하게 되는 계기가 되었습니다.

고모님은 파라과이의 분주한 도심에서 열대어 상점을 운영하며, 아쿠아리움 장비와 장식품, 그리고 살아있는 관상용 물고기를 판매하고 계셨는데, 저는 현지 생활에 적응하기 위해 고모님을 도우며 이민 생활의 첫발을 내디뎠습니다.

1970년대 한국은 먹고 살기 어려운 시기였기에, 파라과이에서 새로운 일을 접하는 모든 것이 신기하고 낯설었습니다. 특히, 아쿠아리움 샵을 처음 본 저는 물고기들에 대해 아무런 지식이 없었기에, 고모님께 물고기를 어떻게 요리하면 되는지 물어본 적도 있었습니다. 고모님은 제 질문에 웃음을 참으며, '관상용 물고기'라는 것이 무엇인지 친절히 설명해 주셨던 그 순간이 지금도 생생히 기억납니다.

이렇게 여러 가지 일을 하며 지내던 중, 저는 어머니와 함께 중대한 결심을 하게 되었습니다. 파라과이는 우리가 꿈꾸던 이상적인 정착지가 아니라는 데 의견을 모은 것입니다. 그러던 차에 며칠 전 만난 한 아르헨티나 사업가의 권유를 받게 되었고, 이를 계기로 파라과이에서의 3개월간의 삶을 뒤로하고 아르헨티나로 재이민을 결심하게 되었습니다.

　첫 이민지였던 파라과이에서의 삶은 결코 녹록지 않았습니다. 모든 것이 뜻대로 되지 않았고, 매일이 고난의 연속이었습니다. 결국 우리는 파라과이에서 풀었던 이민 보따리를 다시 싸 들고, 새로운 꿈을 찾아 아르헨티나로 향하기로 결심했습니다.

　아순시온 중앙역에서 아르헨티나 행 기차에 몸을 실었을 때, 창 밖으로 펼쳐진 풍경은 내 마음을 더욱 무겁게 했습니다. 끝없이 펼쳐진 초원과 하늘과 맞닿은 지평선, 그 압도적인 풍경은 말을 잃고 그저 바라만 보게 만들었습니다. 드문드문 보이는 소떼와 양떼, 그리고 이름 모를 가축들을 몰고 가는 카우보이의 모습이 자주 눈에 띄었습니다.

　기차는 느린 속도로 넓은 초원을 가르며 달려갔습니다. 관객 없이 펼쳐진 자연의 오케스트라 같은 풍경은 내 가슴 깊숙이 파고들었습니다. "나는 어디로 가고 있는가?"라는 생각이 떠오르며, 아르헨티나에서 과연 어떤 미래를 마주하게 될지 불안해졌습니다. 우리는 고향을 떠나 먼 곳으로 왔고, 이곳에서 또다시 시작해야 하는 처지였습니다. 마치 사막처럼 메마른 삶의 여정을 헤쳐 나가고 있을 힘든 내 모습이 떠올랐습니다.

차창 밖으로 스치는 풍경 중 한 곳에 시선이 머물렀습니다. 과연 저곳에서 어떤 생명이 숨 쉬고 있을까? 저기 보이는 작은 꽃은 열매를 맺을 수 있을까? 혹은 쥐 죽은 듯한 고요함 속에서도 작은 생명의 움직임이 있을까? 이민자로서의 삶은 마치 그 생명체처럼 힘겹게 버텨야 하는 것이라는 생각에 눈물이 맺혔습니다. 애써 눈물을 감추며 하늘을 자유롭게 떠다니는 구름을 바라보았습니다.

　기차는 점점 속도를 내며 넓은 초원을 지나갔고, 나는 그 속에서 삶의 의미를 찾기 위한 여정을 고민했습니다. 새로운 땅에서 다시 시작해야 한다는 사실은 나에게 부담을 넘어 두려움으로 다가왔습니다. 그러나 그 막막한 들판 속에서 열매를 맺고자 애쓰는 작은 꽃의 끈질긴 의지를 보며, 나는 다짐했습니다. 비록 힘겹고 외로워도, 새로운 시작이 나를 기다리고 있다고 믿고 싶었습니다.

　기차가 목적지에 가까워질수록, 나는 그곳에서 새롭게 피어나는 삶을 꿈꾸고 있었습니다. 저 넓은 초원 속에서 작은 생명체가 피어나 열매 맺는 것처럼, 내 삶도 아르헨티나에서 새로운 가능성을 찾기를 바랐습니다. 그렇게 나는 새로운 미래를 위한 기도를 하며, 슬픔과 희망이 교차하는 그 순간을 가슴에 품고 두 손을 꼭 쥐었습니다.

　기차로 끝없이 펼쳐진 넓은 초원을 건너, 우리는 아르헨티나 부에노스아이레스 근교의 저소득층 주거단지인

109번 버스 종점 부근, 일명 '109촌'이라 불리는 곳에
도착했습니다. 교회 전도사님의 도움으로 화장실도 없는
작은 창고에 간이 침대를 놓고 새로운 이민 생활을 시작하게
되었습니다. 두 여동생은 주일마다 아르헨티나 한인 교회
화장실을 사용하기 위해 누구보다도 일찍 서둘러 교회에
가곤 했습니다. 이 기억을 떠올리면 지금도 제 눈가에 눈물이
고이는 것 같습니다.

 결혼 후 3개월이 지나면 아내를 초청해 못다 한 신혼생활을
함께할 수 있을 거라는 기대가 있었지만, 재이민으로 인해
시간이 더 많이 흘러버렸습니다. 제 주머니에는 늘 아내가
보낸 편지가 두툼하게 자리하고 있었습니다. 당시에는 편지가
도착하는 데만 1~2개월이 걸렸고, 전화는 쉽게 사용할 수
없는 때였기에 그 편지는 저에게 더없이 소중한 아내와의
연결고리였습니다.

 한국을 떠난 지 1년 6개월 만에 아내가 아르헨티나
공항에 도착했다는 소식을 들었습니다. 그 소식은 동네에서
유일하게 전화를 가지고 있던 세탁소를 운영하는 친구를
통해 전해졌습니다. 소식을 접한 가족들은 모두 환호하며
새 식구를 맞이할 기대에 들떠 있었습니다. 나는 어머니와
함께 택시를 타고 설레는 마음으로 공항으로 달려
갔습니다.

 공항에 도착했을 때, 아내는 전화 박스 옆에서 뜨개질을

하며 우리를 기다리고 있었습니다. 그 순간, 나는 그녀가 세상에서 가장 아름다운 여인이라고 느꼈습니다. 지금도 뜨개질하는 모습을 보면 당시의 감정이 떠오릅니다.

한 땀 한 땀 정성스러운 손길로 완성되는 스웨터가 주는 따스함처럼, 그 옷을 입는 사람에게 얼마나 큰 행복을 선물할지 생각하며 미소 짓게 됩니다.

오랜만의 재회로 다소 서먹했지만, 어머니가 아내를 다정히 부르며 우리의 시선을 이어주었습니다. 아내는 공항에서 3시간 넘게 나를 기다렸다며 미소 지었습니다. 나중에 물어보니, 그녀가 뜨개질하던 스웨터는 내가 아닌 시아버지를 위해 만든 것이라고 말해 웃음이 터졌습니다.

아내가 가져온 이민 보따리를 택시 뒷좌석에 겨우 실은 뒤, 좁은 좌석에 나란히 앉았습니다. 어머니께서 앞 좌석에 앉으신 덕분에, 나는 아내와 가까이 앉아 그녀의 손을 꼭 잡았습니다. 그리고 다짐했습니다. 어떤 변화와 어려움이 닥치더라도 이 손을 놓지 않겠다고 말입니다.

다행히 1년 간의 노력으로 화장실도 없는 창고에서 지내던 시절은 벗어났습니다. 아르헨티나에 도착한 후 편물 공장에서 열심히 일하며 기술을 익혔습니다. 그 결과, 몇 개월 만에 1,500달러를 마련해 방 3칸짜리 독립된 주거지를 구할 수 있었습니다. 그날 이후 우리는 새로운 시작을 함께 다짐하며, 작은 행복을 만들어갔습니다. 그로부터 50여

년이 흘렀습니다. 아르헨티나에서 시작한 사업은 파라과이, 브라질, 미국 뉴욕, 아틀랜타, 플로리다의 템파, 그리고 미주리 세인트루이스까지 이어졌습니다. 더 나은 비즈니스를 위해 여러 지역을 옮겨 다니는 동안, 아내는 언제나 내 곁에 있었습니다.

그녀는 나의 든든한 동반자와 가정의 피스메이커^{Peace Maker} 역할을 했습니다. 늙으신 아버지와 어머니를 봉양하고 모든 자녀들이 그리스도의 믿음을 바탕으로 자신들의 삶을 충실히 살아갈 수 있도록 이끌어 주었습니다.

아내 명화에 대해 글을 쓸 때마다, 내 머릿속에는 늘 헨리 포드라는 이름이 떠오릅니다. 바로 그 '자동차 왕' 말입니다. 그는 대량생산과 대량소비 시대를 연 인물입니다, 자동차 산업에 컨베이어 시스템을 도입해 전 세계 산업 구조를 송두리째 바꾸어 놓았지요.

1903년 무렵만 해도 자동차는 장인의 손길로 하나하나 조립되던 값비싼 사치품이었습니다. 일반 사람들은 감히 살 수 없던 꿈의 탈것이었죠. 그런 자동차를 대중의 일상 속으로 끌어들이기 위해 포드는 반드시 '대량생산'이 필요하다고 판단했고, 그 해답이 바로 컨베이어 시스템이었습니다.

그런데 어느 날, 이 컨베이어 라인에 큰 문제가 생겨 공장 전체가 멈춰서는 사태가 발생했습니다. 포드는 최고의 전문가들과 수리공들을 불러 긴급히 문제를 해결하려 했지만, 아무도 그 원인을 밝혀내지 못했고, 생산은 멈춘 채 천문학적인 손해만 쌓여갔습니다.

궁지에 몰린 포드는 결국 당대 최고의 기술자라 불리던 '스타인 맥스'를 호출했습니다. 맥스는 공장에 도착하자 말없이 여기저기를 살피더니, 어느 한 기계 앞에서 망치로 조용히 '툭' 하고 한 군데를 두드렸습니다. 그 후 전원 스위치를 올리자, 거짓말처럼 공장이 다시 돌아가기 시작했습니다.

며칠 후, 포드는 스타인 맥스로부터 청구서를 받습니다. 그 금액은 무려 만 달러. 지금으로도 적지 않은 액수이지만, 그 당시로서는 실로 엄청난 금액이었습니다. 포드는 대부호였지만, "겨우 몇 번 두드린 걸로 만 달러라니!" 하고 생각하며, 청구서에 이렇게 적어 돌려보냈습니다.

"너무 비싼 금액 아닙니까?"

그러자 맥스로부터 이렇게 수정된 청구서가 다시 도착했습니다.

망치로 두드린 작업비: 10달러
어디를 두드려야 할지 알았던 지식과 경험의 값: 9,990달러
합계: 10,000달러

이에 결국 포드는 이견 없이 청구 금액을 지불했다고
하지요.

저는 아내 명화를 생각할 때마다 이 일화가 떠오릅니다.
맥스가 정확히 고장 원인을 알고 문제를 해결했듯, 아내
명화는 우리 이민 생활의 큰 방향과 그 방향이 바른 길인지
아닌지를 꿰뚫어 보는 지혜로운 안내자였습니다. 가정이라는
인생의 공장이 위기에 놓일 때마다, 그녀는 무엇이
잘못되었는지를 조용히 짚어내고, 어느 방향으로 나아가야
할지를 말없이 가리켜주었습니다.

하지만 저는 단순히 그녀가 똑똑하거나 특출 나서
지혜롭다고 생각하지 않습니다. 오히려 매일, 매 순간 하나님
앞에 무릎 꿇고 기도하며 하나님의 인도를 구했던 그녀의
믿음으로 인해 하나님께서 부어주신 지혜였다고 믿습니다.
우리 가정의 스타인 맥스는 사실 하나님께 쓰임 받은 한
여인이었습니다. 저는 그런 아내와 함께 걸어온 삶이 얼마나
큰 축복이었는지 새삼 깨닫곤 합니다.

뉴욕과 플로리다에서 비즈니스를 운영하던 시절, 여러
차례 위기를 맞기도 했습니다. 강도의 침입으로 생명의
위협을 느꼈던 순간도 있었고, 몸값을 노린 납치도 당해
보았습니다. 큰 재정적 손실로 마음속 날개가 꺾이는 듯한
절망감에 빠진 적도 있었습니다. 그럴 때마다 아내는
나의 한쪽 날개가 되어 주었고, 어두움을 밝히 보는 눈이

되어주었습니다.

　1977년 뉴욕의 블랙아웃 폭동으로 인해 사업장이 잿더미로 변했을 때, 아내는 어린 자식을 등에 업고 내 곁에서 눈물을 흘리며 이렇게 말했습니다.

> 걱정하지 마세요. 하나님께서는 한쪽 문을 닫으시면 또 다른 문을 열어놓으신다는 것이 진리예요. 여기서 망했더라도 또 다른 좋은 것을 준비해 주실 거라는 믿음을 가져야 해요. 여보, 괜찮아요. 다시 시작하면 돼요.

　아내의 이 말은 당시 나에게 큰 위로와 용기를 주었습니다. 처음에는 단순한 위로로 들렸지만, 시간이 지나 돌아보니 그녀는 진정 나의 비익조였음을 깨닫게 됩니다. 그녀는 내가 보지 못하는 곳까지 꿰뚫어 보는 눈이었고, 힘겨운 날갯짓을 함께해준 동반자였습니다. 아내를 '나의 비익조'라고 부르는 것에 대해 누가 이의를 제기할 수 있을까요? 당나라의 시인 백거이가 다시 돌아온다 해도 의의를 제기하지 못할 것입니다. 아내와 함께한 모든 순간이 소중합니다. 그녀는 내 삶의 가장 큰 힘이자 기쁨이었습니다. 지난 50년 동안, 우리는 서로를 지지하며 많은 어려움을 이겨냈고, 앞으로도 함께 걸어갈 길이 기대됩니다. 아내 명화와 함께한 이 모든 경험은 내게 있어 인생에서 받은 가장 큰 선물입니다.

비익조, 나의 아내께 드리는 나의 마음의 소리를 써 보았습니다.

아내에게……

남편 조원구

아침 햇살이
창가에 스며들 때,
아내는 습관처럼
부엌을 오간다.
오십 년의 세월이 그녀의
발걸음에 배어 있고,
한 송이 꽃처럼
익어가는 사랑이
그녀의 손끝에서 피어난다.

커피 내리는 향기가
공기를 채우고,
빵 굽는 냄새가
집안을 감싼다.
그녀의 작은
움직임 하나하나가
내게는 세상의 모든
아침을 열어준다.

사랑은 거듭나는
행위 속에 다져지고,
함께 늙어가는
시간 속에 빛난다.
서로의 주름살 속에
스며든 추억들이
오늘도 새로운 날을
시작하게 한다.
아내의 미소가
아침을 깨우고,
그녀의 손길이
하루를 준비한다.
이렇게 함께 일하며
영위하는 삶,
그 자체가 아름다운
시 한 편이 되리라.

오늘도 그녀와
함께 하는 아침,
단순하지만 결코
평범하지 않은
사랑의 리듬이
우리를 이끈다.
함께 늙어가는 이 길,
그것이 바로 우리의 시다.

마크 트웨인
동굴에서의 하루

지난 여름, 바쁜 일상을 뒤로하고 아내와 함께 머리를 식히고 못다 한 이야기를 나누기 위해 마크 트웨인 동굴을 찾았습니다. 시원한 산바람과 여유로운 드라이브를 즐기며 떠난 하루 여행은 약 3시간의 운전 끝에 시작되었습니다.

미국 미주리주 해니벌에 위치한 마크 트웨인 동굴은 마크 트웨인의 소설 《톰 소여의 모험》의 배경이 된 곳으로, 작가가 어린 시절 이곳에서 얻은 영감이 작품에 녹아 있습니다.

   소설 속에서 톰과 허클베리 핀은 이 동굴을 배경으로 모험을 떠나며 보물을 발견하고, 인디언 조와의 숨바꼭질 같은 긴장감 넘치는 이야기를 펼칩니다. 이 동굴은 단순한 관광지가 아니라, 시간을 초월한 문학적 유산으로 자리 잡고 있습니다.

   숨이 찰 만큼 오랜 여정 끝에 도착한 동굴은 그 자체로 충분히 가치 있는 곳이었습니다. 억겁의 세월 동안 물방울이 만들어낸 석회암 동굴은 자연의 숨결이 살아 있는 성소 같았습니다. 침묵의 음악처럼 흐르는 물소리, 별처럼 반짝이는 종유석과 석순은 시간을 잃은 세계로 초대하는 듯했습니다.

   잠시 숨을 고르자는 아내의 권유로 작은 바위에 나란히 앉아 고요 속에서 시간을 음미했습니다. 떨어지는 물방울 소리는 태초의 생명을 깨우는 듯했고, 석순과 종유석은 대지의 강인함과 생명의 신비를 그대로 전해주었습니다.

   물방울이 어깨를 스칠 때 문득 깨달았습니다. 동굴의 아름다움에 취해 서둘러 발걸음을 옮기며, 이곳에 온 진짜 이유를 잊고 있던 것입니다. 아내와 못다 한 이야기를 나누려던 목적은 저 멀리 뒤로 밀려 있었던 것이죠.

   아내의 "잠시 쉬었다 가자"는 말은 단순한 권유가 아니었습니다. Let's Pause to Take a Breath! 그 한마디가 없었다면 우리는 이 순간을 놓치고, 또다시 공상의 세계에 빠져들었을 겁니다. 그 말은 너무 바쁘게 살아가는 우리의 삶을 되돌아보게 했습니다.

한 해를 지나는 동안 아내와 진지하게 대화를 나눈 적이 거의 없었습니다. 자녀들과 미래를 이야기한 기억도 희미했습니다. 삶의 목적과 의미를 잃지 않기 위해, 가끔은 잠시 멈추고 서로를 돌아보는 시간이 필요함을 절감했습니다.

마크 트웨인 동굴에서의 하루는 단순한 여행 이상의 의미를 남겼습니다. 자연의 신비 속에서 아내와 나눈 대화는 우리 삶에 다시금 작은 쉼표를 찍어 주었고, 앞으로 나아갈 방향에 대해 진지하게 생각할 계기가 되었습니다. "한숨 쉬었다 가자"는 말처럼, 삶에서도 때로는 멈추는 순간이 필요합니다. 우리는 그렇게 바쁘게 살면서, 신앙의 중요성도 잊어버리고, 하나님의 사랑과 은혜를 되새길 시간이 없습니다. 바빠서 아플 시간도 없고, 죽을 시간도 없다는 말이 있습니다. 그러나 시편 143편 5절에서 다윗은 이렇게 고백하고 있습니다.

> 내가 옛날을 기억하고 주의 모든 행하신 것을 읊조리며
> 주의 손이 행하는 일을 생각하고

다윗은 하나님께서 하신 일들을 묵상하고(읊조리며) 그

은혜와 사랑을 기억하려고 했습니다. 그는 고백합니다.
"주를 향하여 손을 펴고 내 영혼이 마른 땅 같이 주를
사모하나이다"(시편 143:6) 이처럼 우리도 잠시 멈추어 서서,
하나님이 우리의 삶 속에 어떻게 역사하셨는지 되돌아보는
시간이 필요합니다.

오늘 저는 제 글을 읽고 계시는 모든 분에게 이 권면을
드리고 싶습니다. 아무리 바쁘고 급하더라도, 잠시 멈추어
서서 우리가 걸어온 길을 돌아보며 하나님께서 우리에게
베풀어 주신 은혜와 사랑을 묵상하는 시간을 가지시기
바랍니다. 우리의 영혼이 메마른 땅처럼 주님을 갈망하며, 그
사랑을 다시 기억하고 감사하는 시간이 되어야 합니다.

구약성경 전도서 12장 1절은 이렇게 말합니다.

너는 청년의 때에 너의 창조주를 기억하라

젊을 때, 우리는 하나님이 얼마나 크고 놀라우신 사랑을
우리에게 베푸셨는지 깊이 생각해야 합니다. 나이가 들어서
건강이 나빠지고, 삶의 끝자락에 다다르면, 그때는 이미 너무
늦습니다. 지금 이 순간, 우리가 얼마나 하나님께 의지하고
살아야 하는지 생각해야 합니다.

또한, 예수님께서 말씀하신 감사의 이야기를 기억해야
합니다. 누가복음 17장 11절에 기록된 이야기에서, 예수님은

10명의 나병환자를 고쳐 주셨지만, 그중 단 한 사람만 돌아와 감사의 기도를 드렸습니다. 나머지 9명은 고침을 받은 후, 바로 가던 길을 갔습니다. 예수님께서는 감사드린 사람을 특별히 축복하셨습니다.

우리는 바쁘게 살면서도, 하나님께서 우리에게 주신 은혜를 잊고 살 때가 많습니다. 그러나 이제 우리는 잠시 멈추고, 하나님께서 베풀어 주신 은혜를 되새기고, 그 사랑을 기억해야 합니다. 우리가 아무리 바빠도, 하나님의 은혜를 기억하고 감사하는 시간을 가져야 한다는 것입니다.

지금 이 순간을 잠시 멈추고 하나님께서 주신 은혜를 깊이 묵상하는 시간을 가졌으면 합니다. "한숨 쉬었다 갑시다." 우리는 잠시 쉬고, 주님의 사랑과 은혜를 되새기며, 그 은혜에 감사하는 시간을 가지기를 권면합니다. 저는 아내의 손을 꼭 잡고 이렇게 기도하였습니다.

> 하나님, 오늘 우리가 지나온 길을 되돌아보며, 하나님께서 우리에게 베풀어 주신 은혜와 사랑을 기억할 수 있도록 도와주시옵소서. 바쁘게 살아가며 하나님을 잊지 않게 하시고, 주님의 사랑에 감사하는 삶을 살게 하여 주시옵소서. 우리의 마음을 주님께로 향하게 하시고, 주님의 은혜를 깊이 묵상하는 시간을 갖게 하여 주시옵소서. 예수님의 이름으로 기도합니다. 아멘.

악을 악이라고 지적하고
선을 보고 외면치 않겠습니다

50여 년 전, 저는 미국 뉴욕으로 이민 와서 지금까지 거의 쉬지 않고 성실히 사업을 운영해 왔습니다. 큰 이익을 내지는 못했지만, 어려운 경제 상황 속에서도 빚 없이 사업을 유지하며 지역사회와 더불어 살아가고 있습니다.

매달 모든 것이 빠듯하지만, 지금까지 큰 위기 없이 버텨올 수 있었음에 감사한 마음뿐입니다. 물론 어느 한 곳에서라도 문제가 생기면 이를 감당할 여력이 부족해 힘든 순간이 찾아오기도 하지만, 아직은 견딜 수 있는 힘이 남아 있음에 더욱 감사하게 됩니다. 미국의 평범한 사람들조차 긴급 상황에 대비해 500달러의 비상금을 마련하기 어렵다고들 합니다. 저 역시 많은 이들이 염려하는 것처럼 그러한 어려운 일이 닥치지 않기를 간절히 바라고 있습니다.

제가 좋아하는 성경 구절 중 하나는 말라기 3장 11-12절입니다.

> 만군의 여호와가 이르노라 내가 너희를 위하여 메뚜기를 금하여 너희 토지 소산을 먹어 없애지 못하게 하며 너희 밭의 포도나무 열매가 기한 전에 떨어지지 않게 하리니 너희 땅이 아름다워지므로 모든 이방인들이 너희를 복되다 하리라 만군의 여호와의 말이니라

이 말씀처럼, 하나님의 축복은 기적처럼 특별한 형태로 찾아오지 않을 때가 많습니다. 마치 흥부가 제비 다리를 고쳐 주고 박씨를 받은 것 같은 큰 사건이 아니라, 매일 성실하게 살아가는 중에 예상치 못한 어려움에서 보호받는 작은 은혜가 오히려 가장 큰 축복이라는 것을 깨닫습니다.

존경하는 지역의 어른께서 교육 선교를 위해 애쓰는 저에게 진심 어린 조언을 해주신 적이 있습니다.

> 브라더 조^{Brother Cho} 이제 나이도 들고 은퇴를 준비해야
> 할 때가 아닙니까? 매달 학교에 보내는 장학금을
> 조금 줄이고 그 돈을 모아 노후를 대비하는 것이
> 어떻겠습니까?

    그분의 말씀은 저를 아끼고 걱정해 주시는 마음에서 비롯된 것이기에 깊이 감사하고 있습니다. 하지만 저는 하나님께서 각 개인에게 주신 재능과 사명이 다르다는 것을 믿습니다. 만약 제가 교육 선교를 위해 보내는 장학기금을 줄인다면, 제 생활이 조금 더 여유로워지고 더 좋은 승용차를 탈 수도 있을 것입니다. 그러나 저는 지금의 삶이 무척이나 자랑스럽고 행복합니다. 만약 장학금을 통해 교육 선교에 동참할 기회가 없었다면, 지금 누리고 있는 이 기쁨을 다른 무엇으로도 대신할 수 없었을 것이라 확신합니다.

    언젠가 아끼는 후배 한 분이 고민을 나누고 싶다며 저를 찾아온 적이 있었습니다. 저는 겸허한 마음으로 오래도록 그의 이야기를 들어주었습니다. 솔직히 그의 고민 중 기억에 남는 내용은 많지 않고, 제가 특별한 해결책을 제시해 준 것도 없었습니다. 그런데도 후배는 고민을 털어놓을 수 있어 마음이 한결 가벼워졌다며 거듭 감사 인사를 전했습니다. 나는 그저 진심으로 그의 말을 들어주었을 뿐인데 말입니다.

교회를 섬기는 장로로서, 그리고 전문인 교육 선교사로서 저는 자주 상담을 해야 할 때가 있습니다. 이와 관련하여 얼마 전 언론에서 본 한 이야기가 생각납니다.

이탈리아 로마의 한 성당에서 프란치스코 교황이 어린이들과 만나는 자리에서 있었던 일입니다.

에마누엘Emanuele 이라는 한 어린 소년이 마이크 앞에 섰지만, 갑자기 눈물을 흘리며 말을 잇지 못했습니다. 교황은 조용히 소년을 앞으로 불러 따뜻하게 안아주며 그의 이야기를 들었습니다. 마이크를 통해 질문하지 못한 소년의 말을 들은 후, 교황은 참석자들에게 그 내용을 전했습니다.

제 아빠는 착한 분이셨어요. 하지만 신앙이 없었어요.
그래도 천국에 갈 수 있을까요?

교황은 감동 어린 표정으로 아이를 바라보며 이렇게 답했습니다.

하나님께서는 아버지처럼 선한 사람을 버리지 않으신다
하나님께서는 우리를 자녀처럼 사랑하시기에, 좋은
마음을 가졌던 에마누엘의 아버지를 천국에 데려가실
것이다

저는 비록 교황과 같은 신앙과 교파를 가지고 있지는
않지만, 전 세계 가톨릭 신자들이 교황을 존경하는 것처럼 저
역시 깊은 존경심을 가지고 있습니다.

교육 선교사의 사명을 감당하고 있는 저는 자주 '진리와
인간적인 위로' 사이에서 깊은 갈등을 경험하곤 합니다.
신앙적 가르침을 전하는 것과, 상처받은 이들에게 따뜻한
위로를 건네는 것 사이에서 균형을 찾는 일이 쉽지만은
않습니다. 그러나 이러한 고민 속에서도, 하나님께서 제게
맡기신 길을 성실히 걸어가려 노력하고 있습니다.

성경은 분명히 말하고 있습니다. '오직 예수를 통해서만
구원을 받을 수 있다'라고. 요한복음 14장 6절에서
예수께서는 "내가 곧 길이요 진리요 생명이니 나로 말미암지
않고는 아버지께로 올 자가 없으니라"라고 선언하십니다.
이는 기독교 신앙의 핵심 교리로, 예수 그리스도를 통한 구원
외에는 다른 길이 없음을 명확히 합니다.

앞서 언급한 어린아이의 질문에 대한 교황의 답변은
많은 이들에게 감동을 주었습니다. 그 질문은 한 아이의
순수한 마음에서 나온 것이었습니다. 그 아이의 아버지는
무신론자였고, 그럼에도 불구하고 선하고 정직한 삶을
살았다고 합니다. 이에 대한 교황의 대답은 단순하면서도
깊은 의미를 담고 있었습니다. "하나님께서는 선하고 착한
사람을 외면하지 않으신다."

이 말씀은 많은 이들에게 위로가 되지만, 동시에 중요한 신학적 질문을 던지는 내용입니다. '선의 정의는 무엇인가?' 성경은 로마서 3장 23절에서 "모든 사람이 죄를 범하였으매 하나님의 영광에 이르지 못하더니"라고 선언합니다. 즉, 인간의 선함이란 상대적인 것이며, 하나님의 거룩함 앞에서는 누구도 스스로 의롭다고 주장할 수 없다는 것이 성경의 가르침입니다. 그렇다면 교황의 말은 단순한 위로에 불과한 것일까, 아니면 깊은 신학적 함의를 내포한 것일까요?

내가 생각하기론 교황의 답변은 신학적 논쟁을 떠나, '하나님은 사랑'이시라는 본질을 강조하는 것일지도 모릅니다. 성경은 하나님이 사랑이시며(요일 4:8) 긍휼이 많으시고(출 34:6) 죄인을 부르러 오신(막 2:17) 예수 그리스도를 통해 구원의 길을 여셨다고 가르치고 있습니다. 그러나 인간의 한계 속에서 우리는 이 진리를 때때로 온전히 이해하지 못하고, 인간적인 위로와 절대적인 진리 사이에서 갈등하게 되기도 합니다.

진리는 변하지 않습니다. 구원은 오직 예수 그리스도를 통해 주어집니다. 그러나 이를 어떻게 전달할 것인가에 대한 문제는 신학적 논쟁을 넘어 실제적인 삶 속에서 중요하게 작용합니다. 교황의 대답은 하나님의 절대적 진리를 변질시키려는 것이 아니라, 인간의 이해와 감정을 고려한 목회적 접근일 가능성이 크다고 봅니다. 그러나 진리는 상황에 따라 변하는 것이 아니라, 변함없는 하나님의 말씀에 기초해야 한다는 사실 또한 간과해서는 안 될 것이라 생각합니다.

지금 이 순간에도 저는 진리를 왜곡하지 않으면서도, 세상 속에서 어떻게 사랑과 긍휼을 실천할 것인가에 대한 고민을 계속해 나가고 있습니다. 하나님께서는 선한 사람을 외면하지 않으실 것이지만, 그 선함이 인간적 기준이 아니라 하나님의 기준에 따라야 한다는 점을 기억하며, 예수 그리스도를 통한 구원의 길을 전하는 것이야말로 기독교 신앙의 본질일 것이라고 강조하고 싶습니다.

이에 나는 다음과 같은 기독교 진리의 가르침을 요약해 보기로 하겠습니다.

1. 오직 예수 그리스도를 통한 구원(Solus Christus, 솔루스 크리스투스)

기독교 신학의 핵심 교리 중 하나는 "오직 그리스도를 통해서만 구원이 가능하다"라는 것입니다. 요한복음 14장 6절에서 예수께서는 "내가 곧 길이요 진리요 생명이니, 나로 말미암지 않고는 아버지께로 올 자가 없느니라"라고 말씀하셨습니다. 이 말씀은 예수 그리스도를 믿는 믿음 외에는 구원의 방법이 없다는 것을 분명히 합니다. 예수 그리스도를 통한 구원의 유일성을 흐리게 만들거나,

선행이나 도덕적 삶을 구원의 조건으로 오해하게 해서는 안
되는 것입니다.

2. 인간의 선행으로는 구원에 이를 수 없음(Solar Gratia, 솔라 그라티아, 오직 은혜)

로마서 3장 23절은 "모든 사람이 죄를 범하였으매
하나님의 영광에 이르지 못하더니"라고 선언하며, 에베소서
2장 8-9절에서는 "너희는 그 은혜에 의하여 믿음으로
말미암아 구원을 받았으니 이것은 너희에게서 난 것이
아니요 하나님의 선물이라 행위에서 난 것이 아니니 이는
누구든지 자랑하지 못하게 함이라"라고 가르칩니다. 인간의
선함이 구원의 기준이 될 수 있다는 오해를 불러일으켜서는
안 될 것입니다. 성경은 모든 인간이 죄인이며, 인간 스스로의
의로는 결코 하나님 앞에서 의롭다 함을 받을 수 없다고
명확히 가르치고 있습니다.

3. 보편 구원론에 대한 우려

교황의 발언은 보편 구원론^{Universalism}으로 해석될 가능성이
있다고 봅니다. 보편 구원론은 '하나님은 결국 모든 사람을
구원하실 것'이라는 입장으로, 기독교 역사 속에서 정통

교리에 의해 배척되어 왔습니다. 요한복음 3장 18절에서는 "그를 믿는 자는 심판을 받지 아니하는 것이요 믿지 아니하는 자는 하나님의 독생자의 이름을 믿지 아니하므로 벌써 심판을 받은 것이니라"라고 선언하고 있습니다. 교황의 발언이 결국 모든 사람이 구원받을 것이라는 보편 구원론을 암시하는 것이라면, 이는 성경적 근거가 부족하며, 복음의 본질을 왜곡하는 것이라 생각합니다.

4. 복음 전파의 필요성 약화

마태복음 28장 19-20절에서 예수님께서는 "그러므로 너희는 가서 모든 민족을 제자로 삼아 아버지와 아들과 성령의 이름으로 세례(침례)를 베풀고 내가 너희에게 분부한 모든 것을 가르쳐 지키게 하라"고 명령하셨다. 기독교는 예수 그리스도를 통한 구원의 기쁜 소식을 전파해야 하는 사명을 가지고 있습니다. '하나님은 착한 사람을 외면하지 않으신다'는 메시지가 강조될 경우, 예수 그리스도를 믿는 것이 구원의 필수 조건이 아니라는 오해를 불러일으킬 수 있으며, 복음 전파의 필요성을 약화시킬 위험이 있습니다.

결론적으로 말하여, 정통 기독교 신학자들과 신앙인들의 입장은 결국 성경이 가르치는 구원의 유일성과 인간의 죄성을 강조하는 데서 출발합니다. 교황의 발언이 사랑을 강조한 나머지 인간적인 위로의 메시지로 해석될 여지는 있지만, 복음의 본질을 흐리게 하고, 구원론에 오해를 초래할 가능성이 크다는 점에서 신학적으로 비판을 받을 수밖에 없을 것입니다. 진정한 사랑과 긍휼은 진리를 기반으로 할 때 온전히 실현될 수 있으며, 성경이 말하는 '진리'는 변하지 않는다는 사실을 기억해야 할 것입니다.

나는 지금 두 눈을 조용히 감고 어린 에마누엘과 교황과의 대화를 나누고 있는 그곳으로 시간 여행을 떠납니다. 이탈리아의 작은 마을, 고즈넉한 골목길에 걸터앉아 마음 깊은 곳에서 울려 퍼지는 소리를 듣고 있습니다. 고풍스러운 성당의 종소리가 조용한 내 영혼을 깨우고, 빛 바랜 벽돌 위로 스며든 햇살이 따스하게 나를 감싸는 순간, 교황과 나눈 대화가 생생하게 내 머릿속에 들려왔습니다. 그의 말씀은 내 가슴 깊은 곳을 울렸고, 나는 교육 선교사로서의 사명을 다시금 새롭게 다짐하고 있습니다.

세상의 무지와 고통 앞에서 내가 해야 할 일은 무엇인가, 진리의 빛을 비추되, 그 빛이 너무 강해 누군가를 눈부시게 하지는 않을까. 인간적인 위로를 건네되, 그 위로가 너무 약해 이들을 절망 속에 머물게 하지는 않을까, 이러한 고민 속에서 나는 성 프렌시스의 기도를 떠올립니다.

> 주여, 나를 당신의 평화의 도구로 써 주소서.
> 미움이 있는 곳에 사랑을,
> 절망이 있는 곳에 희망을,
> 어둠이 있는 곳에 빛을,
> 슬픔이 있는 곳에 기쁨을 가져오는 자 되게 하소서.

이 기도를 조용히 묵상하는 순간, 나는 비로소 깨닫습니다. 진리와 위로는 대립하는 것이 아니라, 서로를 보완하는 것임을. 진리는 방향을 제시하고, 위로는 그 길을 걸을 용기를 준다는 것을. 그러므로 내가 가는 길이 험난할지라도, 사랑과 희망을 전하는 한 사람으로 살아가리라. 내 작은 발걸음이 세상에 따뜻한 변화를 불러오기를! 그 길 위에서 나 또한 성숙해지기를 소망하며 다시 한 걸음을 내딛고 있습니다.

아내 명화 씨는 때때로 나에게 큰 위로와 기쁨이 되는 말을 해줍니다. "당신이 어쩌면 이렇게 변할 수 있는지 모르겠어요." 이민 생활의 고된 스트레스 속에서 날카롭고 교만했던 내 모습을 지켜보았던 아내가 지금의 나를 칭찬해 주는 말입니다. 어떻게 내가 이렇게 관대하고 부드러운 마음을 갖게 되었는지 아내도 신기해합니다. 가장 가까운 곳에서 나를 지켜본 그녀의 말이기에 더욱 의미가 깊습니다. 사실 나 또한 나 자신이 많이 변했다는 것을 느끼고 있는 것은 사실입니다.

나는 사람이 억지로 변할 수 없다는 사실을 잘 알고
있습니다. 내 안에는 두 명의 조원구가 존재한다 생각하고
있습니다. 하나는 거울에 비친 조원구이고, 또 하나는 잔잔히
흐르는 시냇물 위에 비친 조원구입니다. 시편 1편에는
시냇가에 심기운 축복된 나무에 대한 찬송이 나옵니다.
거울에 비친 조원구와 시냇물에 비친 조원구는 같은
사람이지만, 동시에 다른 사람입니다. 시냇물에 비친 그는
평화와 행복이 넘치는 조원구입니다.

지금 내가 느끼는 행복은 단순히 물질적 풍요에서
오는 것이 아닙니다. 행복은 각자 주관적이고 개인적인
감정으로 정의될 수 있지만, 물질적인 풍요가 반드시 행복을
보장하지는 않는다는 것을 나는 잘 알고 있습니다.

삶에 대한 만족감, 성취감, 그리고 목표를 달성하려는 노력
속에서 나는 큰 행복을 느낍니다. 아리스토텔레스가 "행복은
삶의 궁극적인 목표"라고 말했듯이, 나는 지금 그 목표에
도달한 기쁨을 누리고 있습니다.

오늘도 나는 사랑하는 아내의 손을 꼭 잡고 함께 기도하며,
이 행복이 오래 지속되기를 간구합니다. 지난 십 수 년간
내가 모아 보낸 적은 장학금이 중국, 폴란드, 영국, 세네갈,
에티오피아 등지에서 시카모어 대학교를 통해 차세대 기독교
리더들을 양성하는 데 쓰인다는 사실은 우리를 더욱 행복하게
만듭니다.

내 물질을 사용해 주신 하나님의 은혜에 깊은 감사를 드리며, 앞으로도 이 기쁨 속에서 살아가기를 소망하고 있습니다.

나는 꽃 중에서 코스모스 꽃을 가장 좋아합니다

가을 들녘을 물들이는 코스모스는 "자연이 빚어낸 하나의 작은 우주"라고 혼자 중얼거리며, 화단에 피어 있는 코스모스를 끌어안고 이야기를 나눕니다. 흔들리는 가녀린 줄기 위에 펼쳐진 꽃잎은 완벽한 대칭과 균형을 이루며, 나에게 평온한 미소를 선사합니다. 코스모스라는 이름이 '조화'와 '질서'를 의미하는 만큼, 그 속에는 우주적인 아름다움이 담겨 있는 것 같습니다. 그래서 우주를 그리스어로 코스모스라고 부르나 봅니다.

　모든 꽃은 저마다의 이야기를 품고 있지만, 코스모스가 특별히 내 마음을 끄는 이유는 그 단순함 속에 깃든 화려함 때문입니다. 잔잔히 흔들리며 바람과 춤을 추는 모습은 마치 인생의 균형과 조화를 상징하는 것 같습니다. 너무 화려하지도 않으면서 소박함에 머무르지 않는 그 모습은 우리에게 자연이 주는 진정한 아름다움이 무엇인지 보여줍니다.

　한 송이 코스모스를 바라보며 문득 떠오르는 생각이 있습니다. 우리의 삶도 이처럼 조화로울 수 있다면 얼마나 좋을까요? 서로 다른 요소들이 부드럽게 어우러지고, 흰색, 붉은색, 분홍색이 흔들리며 각자의 자리에서 빛을 발하는 모습이 참 경이롭습니다.

　우주가 완벽한 균형 속에서 존재하는 것처럼, 우리 사회도 다양한 생각과 가치관이 공존하며 조화를 이룰 때 건강하고 지속 가능한 공동체로 나아갈 수 있습니다. 나와 다른 생각을 존중하고, 갈등 속에서도 대화를 통해 균형을 찾으려는 노력이 필요합니다. 국가 또한 마찬가지입니다. 국민의 다양한 목소리를 하나로 모으고 서로 다른 입장을 존중하며 조화로운 방향을 찾아갈 때, 진정한 발전이 이루어질 것입니다.

　많은 사람들이 코스모스를 사랑하듯, 우리 모두가

서로를 인정하고 배려하며 포용과 균형을 이루는 사회를 만들어갔으면 하는 소망을 품어봅니다. 한쪽으로 치우치지 않고 조화롭게 어우러지는 공동체 속에서 개인의 삶도 더욱 빛날 것이라 믿습니다.

이 글을 쓰며 어렸을 때 들었던 '지당대신'이라는 민속 동화가 떠오릅니다. 어느 고을에 지당대신이라는 별명을 가진 대감이 살고 있었습니다. 하루는 하인 둘이 다툼이 나자, 대감은 그 중 한 하인을 불러 이야기를 듣고는 "그것 참 지당하구나"라고 했습니다. 그러고 난 다음 또 다른 하인의 이야기를 듣고도 "너 또한 지당하구나"라고 대답했습니다. 이를 지켜보던 대감의 부인이 "둘 다 지당하다고 하면 어찌 판결을 내리시려 합니까?"라고 묻자, 대감은 "오, 부인 당신도 참 지당하구려"라고 답했습니다.

어찌 보면 주변머리 없는 대감처럼 보일지 모르겠으나 이 이야기는 모든 입장에는 나름의 타당한 이유가 있으며, 상대의 관점을 존중하는 것이 지성인의 필수적인 태도라는 점을 일깨워줍니다. 밤하늘의 별은 저마다 다른 빛을 내고 있지만, 질서를 지키며 함께 어우러져 더욱 찬란한 하늘을 만들어갑니다. 우리의 사회도 그러해야 하지 않을까요?

우리가 사는 세상에는 수많은 지식인이 있습니다. 하지만 단순히 지식을 쌓는 것만으로는 진정한 지성인이 될 수 없습니다. 때로는 날카로운 분석과 논리보다, 따뜻한 포용과 깊은 공감이 더 큰 힘을 발휘합니다. 서로 다른 의견 속에서 조화를 이루고, 상처받은 마음을 어루만지는 것이야말로 우리가 나아가야 할 길입니다.

오늘날 세계 곳곳에서 갈등이 깊어지고 있습니다. 진보와 보수의 대립, 세대 간의 가치관 충돌, 국가 간의 이해관계 대립이 격화되면서 우리는 때때로 하나의 공동체임을 잊곤 합니다. 대립은 결국 모두를 불행으로 이끌 뿐입니다. 서로를 향한 존중과 이해가 없다면, 갈등은 끝없는 미로처럼 우리를 얽매이게 합니다.

우리가 바라는 세상은 서로의 다름을 인정하고, 다양한 가치가 어우러지는 사회입니다. 서로를 배척하는 것이 아니라, 각자의 빛을 더욱 선명하게 만들어 주는 사회, 마치 밤하늘의 별들이 함께 모여 아름다운 우주를 이루듯이 말입니다.

우리의 삶도 그렇게 되기를 바랍니다. 다름을 이유로 등을 돌리는 것이 아니라, 그 다름 속에서 더 깊이 이해하고 조화를 이루어 나가는 것. 그렇게 우리는 함께 빛나는 세상을 만들어갈 수 있을 것입니다.

사회가 발전함에 따라 지식인이 넘쳐나는 시대입니다. 이때 진정한 지성인들의 활약이 절실히 필요합니다. 때로 객관적인 판단보다 포용과 공감을 통해 갈등을 완화하고 조화를 이루는 것이 더 중요합니다. 다양한 의견을 존중하고 조화로운 관계를 유지하는 것이 갈등 해결에 있어 중요한 자세임을 잊지 말아야 합니다. 서로 다른 의견을 가진 사람들과 소통하고 이해하려는 노력을 기울일 때, 더욱 풍요롭고 조화로운 사회를 만들어갈 수 있습니다.

 코스모스의 아름다움처럼, 우리의 삶과 공동체도 조화롭게 어우러질 수 있기를 바랍니다. 각자의 고유한 색깔을 인정하고 서로의 존재를 포용할 때, 우리는 모두 함께 빛나는 세상을 만들어갈 수 있을 것입니다.

조원구의
4번째
인생
이야기

귀향
본능

고요한 밤, 창밖을 바라보며 지난 반세기의 세월을 돌아봅니다.

흐르는 강물처럼 인생 또한 그렇게 흘러가지만, 그 물줄기의 시작을 기억하려는 마음은 인간에게 주어진 아름다운 본능이 아닐까 생각해 봅니다.

이제 팔순을 바라보며 제 삶을 되돌아보니, 50여 년의 세월이 어떻게 흘러왔는지 감히 헤아리기 어렵습니다.

고국을 떠나 처음 발을 내디뎠던 파라과이 땅은 낯선 언어와 문화로 저를 맞이하였습니다. 그곳에서의 삶은 마치 새로운 언어를 배우는 것처럼 하루하루가 도전이었습니다. 처음에는 고향을 그리워하며 보냈지만, 시간이 흐를수록 점차 그곳의 삶에 익숙해져 갔습니다.

아르헨티나로 향하는 여정은 결코 쉽지 않았습니다. 새로운 환경에 적응하는 일은 언제나 큰 용기를 필요로 했습니다. 그러나 그곳에서 만나게 된 소중한 인연들이 제 마음을 따뜻하게 어루만져 주었습니다. 서로의 삶을 나누며 힘겨운 시간을 함께 견뎌냈고, 그 과정 속에서 제 존재의 의미를 새롭게 깨달을 수 있었습니다. 하지만 고국의 가족과 친구들이 그리울 때면, 가슴 한편이 저릿하게 아려왔습니다.

브라질에서의 삶은 또 다른 배움의 여정이었습니다. 다양한 문화가 공존하는 그곳에서 저는 새로운 삶의 방식을 익히게 되었습니다. 열정적인 사람들과 함께하며, 제 삶 역시 조금씩 그 열정으로 물들어 갔습니다. 동시에 그들이 저를 따뜻하게 받아줄수록, 고국의 뿌리를 더욱 깊이 느끼게 되었습니다. 고국의 사계절, 그 속에서 자라났던 추억들, 그리고 그리운 얼굴들이 떠오를 때마다 마음이 애잔하게 흔들렸습니다.

마침내 미국에 정착하게 되었을 때, 저는 또 다른 삶의 모습과 마주하게 되었습니다. 다양한 인종과 문화가 어우러진 이곳에서 보다 넓은 시야를 가지게 되었습니다. 그럼에도 불구하고 고국 땅을 다시 밟고 싶다는 간절한 바람은 결코 사라지지 않았습니다. 이곳에서의 편안함과 성공이 저를 사로잡고 있을지라도, 고국의 정서는 제 정체성과 떼려야 뗄 수 없는 관계였습니다.

팔순을 앞둔 지금, 저는 스스로에게 묻습니다.

왜 저는 고국에서 마지막을 맞이하고 싶은 마음이 드는 걸까요?

고국은 저에게 어떤 의미이며, 이민 생활을 통해 제가 얻은 것은 과연 무엇일까요?

타국에서의 삶 속에서 저는 참으로 많은 것을 배우고 성장하였습니다. 반세기가 넘는 세월 동안 파라과이, 아르헨티나, 브라질을 거쳐 결국 미국에 정착하였고, 이곳에서 가정을 이루었습니다. 제 자녀들은 이곳에서 태어나 자랐고, 손주들 또한 미국에서 새로운 세대를 이어가고 있습니다. 이곳이 이제는 저의 현실이며, 낯설었던 문화는 어느덧 제 삶의 일부가 되었습니다.

연어는 바다에서 자라지만 결국 태어난 강으로 돌아와 생을 마무리한다고 합니다. 바다거북 또한 광활한 바다를 헤매다 산란기가 되면 자신이 태어난 해변으로 되돌아온다고 하지요. 이처럼 자연의 생명체들은 시작의 자리로 돌아가 비로소 삶의 순환을 완성하는 듯 보입니다.

그렇다면 인간은 어떠한가요?

우리가 반드시 태어난 장소로 돌아가야 삶이 완성된다고 단언할 수는 없겠지만, 낯선 타향에서 삶을 마무리하려는 순간, 또는 오랜 세월을 지나 어린 시절을 문득 떠올릴 때, '고향'이라는 단어가 이토록 간절하게 다가오는 이유는 무엇일까요?

고향은 단순한 장소가 아니기 때문일 것입니다. 고향이란 우리가 처음 세상을 배우고, 사랑을 느끼고, 꿈을 꾸었던 삶의 시작점입니다. 그곳에는 부모님의 따뜻한 손길이 스며든 집이 있었고, 함께 웃고 울던 친구들이 있었습니다. 어린 시절 즐겨 먹던 음식의 맛, 익숙한 골목의 향기, 사계절의 흐름 속에 새겨진 기억들이 고향을 특별한 곳으로 만들어 줍니다.

나이가 들수록, 삶이 버거울수록 우리는 고향을 더욱 깊이 그리워하게 됩니다. 이는 단순한 향수가 아니라, 존재의 뿌리를 찾고자 하는 인간 본연의 본능일지도 모릅니다.

사람은 떠난 후에야 비로소 고향의 소중함을 깨닫게 된다고들 합니다. 익숙했던 풍경이 얼마나 큰 위로였는지를, 우리는 그곳을 떠나야 비로소 알게 되는 것이지요.

삶의 마지막 순간, 많은 이들이 "고향에 가고 싶다"라고 말하는 까닭도 여기에 있을 것입니다. 그것은 단지 지리적 이동이 아니라, 자신이 누구였는지를 되찾고자 하는 간절한 바람이기 때문일 것입니다.

강을 건너
머물고
하늘을 향해
걷다

모든 사람이 반드시 고향으로 돌아가야 하는 것은 아닙니다. 어떤 분들은 새로운 땅에 뿌리를 내리고, 그곳을 새 고향으로 삼기도 합니다. 그러나 '귀향'이란 개념은 단순한 이동을 넘어서, 우리가 어디에 속해 있는지를 깊이 성찰하는 과정일지도 모릅니다.

이런 이야기가 전해집니다. 한때 떠돌이 장사꾼이 산길을 걷다 길가에 쓰러져 있던 한 사람을 발견했다고 합니다. 그는 이미 숨을 거둔 상태였으며, 품속에는 한 장의 편지와 얼마간의 돈이 들어 있었다고 합니다. 편지에는 이렇게 적혀 있었습니다.

> 이 돈은 저를 위해 수고해 주실 분의 몫입니다. 부디 제 시신을 고향 땅에 묻어주십시오.

낯선 땅에서 생을 마감한 그 사람은 마지막 순간까지도 고향을 그리워하고 있었습니다. 마치 연어나 바다거북처럼, 인간 역시 본능적으로 고향을 그리워하는 존재인지도 모릅니다.

이민 생활이 어느덧 50여 년을 훌쩍 넘겼습니다. 여러 나라를 거쳐 미국에 정착하고 가정을 이루었으며, 자식들과 손주들이 새로운 세대를 이어가고 있습니다. 낯설었던 문화가 이제는 제 안에 깊이 스며들어 있고, 언어도, 생활 습관도,

음식까지도 더 이상 낯설지 않습니다.

그런데도 요즘 들어 문득문득 고국이 떠오릅니다. 젊은 시절에는 앞만 보고 달려왔기에 그리움을 느낄 여유조차 없었습니다. 생계를 책임져야 했고, 새로 정착한 땅에서 살아남아야 했기 때문입니다. 그러나 이제는 건강이 예전 같지 않고, 남은 세월을 헤아려 보게 되면서 마음 한편에서 고향이 조용히 저를 부르고 있습니다.

제가 떠나온 고국에는 아직도 그 산천이 있을까요? 제가 뛰놀던 그 골목은 여전히 그대로일까요? 수십 년의 세월이 흘렀으니 모든 것이 바뀌었을 터이지만, 제 기억 속 고향은 언제나 그 모습 그대로입니다.

현실은 분명히 다릅니다. 제 삶의 터전은 이제 미국이며, 자식들과 손주들은 이곳에서 뿌리를 내렸습니다. 한국어보다 영어가 더 익숙한 아이들의 모습을 보며, 제 정체성조차도 이곳 문화와 섞여 있음을 실감합니다. 어쩌면 고국은 기억 속에서만 선명한, 낯선 곳이 되어버렸는지도 모릅니다.

그럼에도 불구하고, 고향이 그리운 마음은 여전히 저를 붙잡고 있습니다. "그리움은 나이와 함께 자란다"는 말처럼, 나이가 들수록 사람은 더 자주 뒤를 돌아보게 됩니다. 고향을 떠나온 사람에게는 두 개의 시간이 존재합니다. 하나는 지금 살고 있는 이곳의 시간, 그리고 또 하나는 마음속 고향의 시간입니다. 저는 미국에서 반세기를 넘게 살아왔지만, 제 마음속에는 여전히 고향의 시간이 흐르고 있으며, 그 시간은 점점 더 또렷해지고 있습니다.

고향은 단순한 장소가 아닙니다. 그곳은 제가 처음 세상을 배우고, 가족의 사랑을 느끼고, 순수했던 시절을 보낸 삶의 시작점입니다. 그래서일까요? 육신은 미국에 있지만, 나이가 들수록 제 마음은 다시금 고향을 향해 가고 있습니다.

요즘 저는 스스로에게 묻습니다.

내 삶의 마지막을 어디에서 맞이해야 할까?

자식들과 손주들이 곁에 있는 이곳에서 생을 마무리하는 것이 어쩌면 당연한 일일지 모르겠습니다. 그러나 한편으로는, 제가 태어난 땅에서, 어린 시절 추억이 가득한 그곳에서 마지막을 보내고 싶다는 생각도 듭니다. 하지만 어쩌면 더 중요한 것은 '어디에서'가 아니라 '어떻게' 살아가는가 일지도 모르겠습니다.

제 삶이 흘러온 길이 어디든, 마지막 순간이 어디이든, 저는 결국 제 삶의 여정을 고스란히 품고 살아갈 것입니다. 고향은 물리적인 장소일 수도 있고, 어쩌면 제 마음속에 존재하는 깊은 기억과 사랑의 공간일 수도 있습니다. 오늘도 저는 먼 곳을 바라봅니다. 고국의 산과 강, 그리고 어린 시절의 추억들을 떠올리며 조용히 미소를 짓습니다.

이곳 미국이 저의 현실이라면, 고국은 저의 영혼입니다. 저는 두 개의 고향을 가진 사람입니다. 그리고 그 두 고향 사이에서, 오늘도 조용히 그리움을 안고 살아갑니다. 나는 이미 한 평생을 해외에서 살아왔습니다. 그러나 조국은 단지 태어난 땅이 아닙니다. 내 마음의 고향이며, 나의 뿌리입니다. 아무리 멀리 떠나왔어도, 내 정체성과 영혼은 언제나 그곳과 연결되어 있습니다.

저는 평생을 해외에서 살아왔습니다. 그러나 조국은 단지 제가 태어난 땅이 아닙니다. 제 마음의 고향이며, 저의 뿌리입니다. 아무리 멀리 떠나와도, 저의 정체성과 영혼은 언제나 그곳과 연결되어 있습니다. 제가 다섯 살 되던 해, 한국전쟁이 발발하였습니다. 너무 어린 나이였지만, 그날의 기억은 지금도 생생하게 남아 있습니다. 아버지께서는 제 허리에 밧줄을 묶으시고, 그 끈을 자신의 허리에 단단히 매셨습니다. 그러고는 기차 지붕 위로 저를 끌어올리신 채 남쪽을 향하셨습니다. 멀지 않은 곳에 포탄이 쏟아지고, 사방에서는 울음소리가 들려왔습니다. 어린 마음에도 공포가 온몸을 휘감았고, 저는 아버지의 품에 안긴 채 필사적으로 기차에 매달렸습니다. 그때의 장면은 지금도 눈앞에 선하게 떠오릅니다.

그 당시 저는 아무것도 할 수 없는 어린아이였지만, 지금은 그렇지 않습니다. 반세기가 훌쩍 넘는 세월 동안 저는 낯선 땅에서 살아왔습니다. 파라과이와 아르헨티나, 브라질을 거쳐 마침내 미국에 정착하였고, 이곳에서 가정을 이루었습니다. 자녀들은 미국에서 태어나 자라났고, 손주들 또한 이 땅에서 새로운 세대를 이어가고 있습니다. 이제 이곳이 저의 삶의 터전이 되었고, 낯설게만 느껴졌던 문화도 어느덧 저의 일상이 되었습니다. 그럼에도 불구하고, 요즘 들어 자주 조국을 떠올리게 됩니다.

만약 제가 고국에 머무는 동안 전쟁이 다시 발발한다면, 저는 어떤 마음으로 그 상황을 맞이하게 될까요. 이제 팔순을 바라보는 나이지만, 조국을 위해 제가 할 수 있는 일이 있다면 마다하지 않겠다는 각오가 마음 깊은 곳에 자리 잡고 있습니다. 젊은 장병들처럼 총을 들고 싸울 수는 없겠지만, 전쟁이 단지 무기만으로 치러지는 것이 아니라는 사실을 저는 잘 알고 있습니다. 저에게는 여전히 할 수 있는 일이 있습니다. 그것은 바로 '목소리'입니다. 젊은 시절, 저는 비무장지대에서 대북방송을 맡았던 방송 요원이었습니다. 당시 제 목소리는 북녘땅을 향해 울려 퍼졌고, 누군가에게는 희망이 되었으리라 믿습니다. 이제는 예전과 같은 힘은 없을지 모르지만, 여전히 또렷한 발음과 차분한 어조, 분명한 메시지를 전달할 수 있는 자신은 있습니다. 만약 조국이 다시 위기에 처한다면, 저는 주저 없이 마이크 앞에 설 것입니다.

> 여기는 자유의 소리 방송입니다. 여러분, 희망을 잃지 마십시오.

제 목소리가 닿는 곳에서 누군가는 용기를 얻고, 또 누군가는 조국을 위해 함께 일어설 것입니다. 비록 총을 들지는 않더라도, 저의 목소리는 조국을 위한 또 하나의 무기가 될 수 있다고 믿습니다.

전쟁 속에서 아버지가 나를 지켜줬듯, 이제는 내가 조국을 위해 무엇이든 해야 할 차례라 생각합니다. 나는 조국을 떠났지만, 조국은 단 한 번도 나를 떠난 적이 없습니다. 만약 다시 한번 조국이 위험에 처한다면, 나는 또다시 마이크를 잡을 것입니다. 팔순이 가까운 나이지만, 내 목소리는 여전합니다. 조국을 지킨다는 것은 곧 나의 고향을 지키는 일이자, 내 자식과 손주들을 지키는 길임을 알기에 더욱 그렇습니다.

가끔은 내가 떠난 세상에서 손주들이 살아갈 미래를 상상하며, 때아닌 걱정을 하게 됩니다. 지구의 변화, 정치와 문화의 격변, 그리고 매일 진화하는 기술들. 그 모든 변화 속에서도 나는 꿈꿉니다. 아름다운 대한민국, 자유와 희망이 넘치는 미국. 이 두 나라가 우리 아이들의 미래에도 여전히 찬란히 빛나길 바랍니다.

손주는 나에게 어떤 존재일까요? 깊이 생각해보게 됩니다.

어느 날, 손주가 내 손을 꼭 잡으며 말했습니다.

할아버지 손은 왜 이렇게 따뜻해?

그 말에 나는 조용히 웃었습니다. 노인의 손이 따뜻할 리 있겠습니까? 손이 따뜻했던 건, 아마도 아이가 내 손을 잡아주었기 때문이겠지요. 따뜻하고 작디작은 손과 주름진 손이 마주한 순간, 세대와 세대를 잇는 온기가 우리를 감싸는 듯했습니다.

손주가 태어났을 때의 감격은 아직도 생생합니다. 내 자식이 태어났을 때와는 또 다른 깊은 기쁨이었습니다. 젊은 시절엔 아버지로서 책임감 속에 자녀를 길렀다면, 이제는 한 걸음 물러나 여유로운 마음으로 바라봅니다. 손주의 작은 손짓 하나, 해맑은 웃음 하나에도 마음이 환해지는 걸 보니, 나도 어느새 진짜 '할아버지'가 되었음을 실감합니다.

손주는 나에게 새로운 세상을 보여주는 존재입니다. 손가락으로 스마트 폰을 능숙하게 사용하고, 듣도 보도 못한 캐릭터 이름을 줄줄 말하는 모습을 보면 세상이 정말 많이 변했다는 걸 느낍니다. 하지만 아이들의 천진난만한 웃음만큼은 예나 지금이나 변하지 않았습니다. 나도 어릴 적, 할아버지 손을 잡고 종종걸음으로 따라다니던 기억이 떠오릅니다. 이젠 그 자리에 내가 서 있고, 손주의 작은 발걸음을 지켜보고 있습니다.

손주에게 많은 것을 가르쳐주고 싶지만, 실은 내가 더 많이 배우고 있습니다. 아이는 작은 것에도 감탄하고, 사소한 일에도 행복을 느낍니다. 그래서 예수님께서 "어린아이와 같지 않으면 천국에 들어갈 수 없다"라고 하셨나 봅니다.

나뭇잎 하나에도 눈을 반짝이며 신기해하는 손주를 보며, 나 역시 오래된 풍경을 새롭게 바라보게 됩니다. 나는 손주에게 나의 삶과 사랑의 경험을 전하고 싶습니다. 부자 할아버지처럼 많은 물질을 유산으로 줄 수는 없더라도, 사랑과 지혜의 유산을 전하고 싶은 마음입니다.

손주는 단지 가문의 후손이 아닙니다. 그들은 또 하나의 세대이며, 사랑과 가르침을 전할 수 있는 소중한 존재입니다. 할아버지는 무조건적인 사랑을 주는 존재이지만, 동시에 올바른 삶의 방향을 제시하는 이정표이기도 합니다. 지나친 간섭보다는 한 발 물러나 지켜보는 여유, 그리고 필요할 때 따뜻한 조언 한마디가 아이의 인생에 큰 힘이 될 수 있음을 알게 됩니다.

세상이 빠르게 변해도, 사랑의 진심은 시대를 넘어 통합니다. 손주는 조부모의 품에서 사랑을 배우고, 그 사랑을 바탕으로 자신의 삶을 살아갈 힘을 얻습니다. 결국, 손주와의 관계는 단순한 가족의 유대가 아니라 세대를 잇는 아름다운 동행입니다. 손주가 자라며 인생을 배우듯, 나도 손주를 통해 새로운 시각과 기쁨을 배우며 함께 성장하고 있습니다.

　세월이 흘러도 변하지 않는 것이 있다면, 그것은 바로 '사랑'입니다. 나는 손주에게 세상이 따뜻하다는 사실을 알려주고 싶습니다. 사랑으로 대하면 사랑을 느낄 수 있다는 진리를, 내가 전해준 온기가 언젠가 아이의 마음에서 조용히 빛나기를 바랍니다.

　손주와 함께하는 하루하루는 그 자체로 소중한 선물입니다. 그렇게 내 삶은 다시 새로운 이야기로 채워지고 있습니다. 어느 날, 손주가 내 무릎에 앉아 천진난만한 눈빛으로 물었습니다.

　　할아버지는 어릴 때 뭐 하고 놀았어?

　그 순간, 어린 시절 뒷동산에서 뛰놀던 기억이 떠올랐습니다. 편을 나누어 나뭇가지를 칼 삼아 병정놀이를 하고, 드라마 '오징어 게임'에 나오는 것처럼 땅에 구멍을 파서 구슬치기를 하던 시절. 스마트 폰과 컴퓨터 게임에 익숙한 손주가 과연 그런 놀이를 재미있어할까 싶었지만, 나는 조심스레 대답했습니다.

　　할아버지는 땅에 구멍을 파고 구슬 놀이를 하고, 종이로 딱지를 접어 놀았단다.

손주는 고개를 갸웃하더니 말했습니다.

할아버지, 그거 해보자!

그날 오후, 우리는 마당 한쪽에 작은 구멍을 팠습니다. 오랜만에 맡는 흙냄새가 왠지 모르게 마음을 편안하게 해주었습니다. 나는 손주에게 딱지 접는 법을 가르쳐 주고, 함께 놀았습니다. 아이는 금세 놀이 방법을 익히고는 깔깔 웃으며 딱지를 쳤습니다.

할아버지, 이거 재미있어!

그 순간 깨달았습니다. 세대가 달라도, 놀이의 본질은 같다는 것. 중요한 건 무엇을 하느냐가 아니라, 누구와 함께 하느냐는 진리를요.

손주가 내 곁에 있다는 것만으로도 내 인생은 또 한 번 풍요로워졌습니다. 손주는 내게 새로운 시간을 선물해 주었고, 나는 손주에게 오래된 시간을 전해줄 수 있었습니다. 우리는 서로의 세계를 배우며, 함께 자라고 있습니다. 그 시간을 시로 남겨봅니다.

아가야! 아가야!

할아버지 조원구

겨울이 지나고
따스한 봄 볕이
창가에 머물 때
아가가 온다

작은 발걸음으로
나무 그늘을 지나
내 품에 안겨
눈을 반짝인다

"눈에 넣어 보세요,
정말 안 아플까요?"
그 말에 나는
미소를 띤다

봄빛이 아가의
얼굴에 비추니
세상이 고요히
물들어 간다

아가의 작은 손이
내 손을 잡을 때
추운 겨울도
따스함으로 녹는다

봄 볕 속에서
우리는 함께
시간을 잊고
행복을 나눈다

아가야, 네가 있어
이 봄날이 더욱
아름답구나
함께라면 모든 게
눈부시다

고요한 바다,
흐르는 세월

이민 반세기를 돌아보며

오늘은 제게 특별한 날입니다. 반세기에 걸친 이민 여정을 돌아보며, 저는 미주리주 세인트루이스 인근 몽크 마운드 아래 조용한 벤치에 앉아 있습니다. 북미 최대의 토축土築 유적인 이곳은 한때 미시시피 문명의 중심지였던 카호키아의 소중한 흔적이며, 오랜 세월 원주민들의 삶이 이어졌던 땅입니다. 제가 지금 앉아 있는 이 자리에는, 미국이 건국되기 훨씬 전, 콜럼버스가 신대륙을 발견하기도 전에, 약 4만 명 이상의 원주민들이 살고 있었습니다. 그런 뜻깊은 곳에서 이민자로서의 지난 삶을 되돌아보는 것이 제게는 참으로 의미 있게 느껴졌습니다.

몽크 마운드에서 오래된 그들의 숨결을 함께 느끼며

이곳에서 저는 조용히 숨을 고르며, 오랜 세월 이 땅을 살아낸 이들의 숨결을 느끼려 합니다. 그리고 제 삶의 긴 여정을 천천히, 깊이 돌아보고자 합니다.

처음 이민을 결심했을 때, 제 마음속에는 설렘과 두려움이 교차하고 있었습니다. 고국을 떠난다는 것은 마치 뿌리를 뽑히는 듯한 아픔이었습니다. 그럼에도 불구하고, 새로운 땅과 하늘 아래에서 다시 시작할 수 있다는 희망이 저를 앞으로 나아가게 했습니다. 낯선 언어, 사람, 거리 속에서 저는 작은 쪽배에 몸을 실은 듯한 마음으로 이민의 바다를 항해하기 시작했습니다. 그 여정은 헤밍웨이의 《노인과 바다》속 산티아고처럼 고단하고도 외로운 싸움이었습니다.

   현실은 제가 꿈꾸던 것과는 많이 달랐고, 차갑고 냉혹하기까지 했습니다. 작은 일자리 하나를 얻기 위해 수없이 고개를 숙여야 했고, 때론 인내조차 쉽지 않았습니다. 그럼에도 저는 노를 놓지 않았습니다. 산티아고처럼, 끝까지 싸우며 나아갔습니다. 그의 독백이 제 마음 깊은 곳에 울려 퍼졌습니다.

> 바다는 언제나 그 자리에 있다. 겉으론 고요해 보여도, 그 속은 예측할 수 없는 물살과 바람이 쉼 없이 흐르고 있다.

   제 항해는 파라과이에서 시작되었습니다. 기댈 곳 하나 없는 낯선 땅에서의 삶은, 삼킬 듯 몰려오는 거친 파도를 작은 쪽배에 몸을 싣고 건너야 하는 외롭고 두려운 여정이었습니다. 익숙하지 않은 언어와 문화 속에서 오해를 받기도 했고, 때론 외면당하여 마음이 무너지기도 했습니다.

   그러나 그런 순간에도, 제 손을 따뜻하게 잡아주신 분들이 있었습니다. 말보다 먼저 커피 한 잔을 건네주시고, 지친 등을 조용히 두드려 주며 "괜찮습니다, 잘하고 있습니다"라고

격려해 주신 분들. 그 손길 하나하나가 제 삶의 닻이 되어 주었고, 저는 다시 용기를 내어 노를 잡을 수 있었습니다.

시간이 흐르며 저는 아르헨티나를 거쳐 브라질, 그리고 마침내 미국 땅을 밟게 되었습니다. 가족을 위해 새벽부터 일하고, 피곤한 하루를 견디며 살아낸 시간들이었습니다. 아이들이 자라고 집 안 가득 웃음이 퍼지면서, 비로소 이 땅에서도 뿌리를 내렸음을 느꼈습니다. 사랑하는 아내 그리고 가족들과 함께하는 삶은 언제나 제게 든든한 닻이 되어 주었습니다.

때때로 눈에 보이는 것을 잃기도 했습니다. 오랜 노력 끝에 얻은 것들이 하루아침에 사라졌을 때, 저는 산티아고가 청새치를 잡고도 상어에게 갉아 먹혀 뼈만 남긴 채 돌아왔던 장면을 떠올렸습니다. 그러나 그 싸움이 헛되지 않았던

것처럼, 저 역시 그 시간 속에서 보이지 않는 의미와 가치를
배워갔습니다.

    포기하지 않고 걸어온 날들은 제게 자존심이 되었고,
조용한 확신이 되어주었습니다. 오늘 이 뜻 깊은 장소에
앉아 제 삶을 돌아볼 때 특히 가슴 깊이 남아 있는 장면들이
주마등처럼 스쳐가고 있습니다.

    그 중 하나는 이곳 미국에서 '시카모어 대학교' 설립에
동참했던 일입니다. 제 작은 손길과 정성이 하나님의
인도하심 속에서 귀한 결과를 이루었던 그 순간은,
지금까지의 여정 중 가장 벅차고 감사한 기억으로 남아
있습니다. '맹모삼천지교'孟母三遷之敎라는 말처럼, 저는 교육의
힘과 그 기반이 되는 환경의 중요함을 항상 가슴에 품고
살아왔습니다. 그 뜻을 따라 교육 선교의 사명을 감당하게
되었음을 떠올릴 때마다, 저는 한 사람의 부모로서,
신앙인으로서, 이민자로서 큰 자부심을 느낍니다.

    또 하나 잊을 수 없는 장면은, 긴 세월이 흐른 뒤 다시
고국을 찾았을 때입니다. 그토록 그리워하던 어린 시절의
골목길을 다시 걷고, 철없던 시절 교정에서 함께 꿈을 나누던
친구들을 다시 만날 수 있었습니다. 세월의 흔적은 우리
얼굴에 고스란히 새겨져 있었지만, 종로 수송동에 자리한
커피숍〈커피 친구〉의 아늑한 공간을 우리를 위해 사랑방처럼
내어준 봉호의 따뜻한 배려 덕분에, 우리는 지나온 시간을

되새기며 다시금 우정을 쌓아갈 수 있었습니다.

그날, 나를 기억해 주고 반갑게 맞아준 친구들의 모습 속에서 저는 세월이 흘러도 변하지 않는 우정과 추억의 깊은 힘을 느꼈습니다. 제 마음은 잔잔한 바다처럼 평온했고, 문득 이렇게 깨달았습니다.

> 나는 혼자가 아니었고, 잃은 것보다 얻은 것이 훨씬 많았구나.

《노인과 바다》는 말합니다. "인간은 파멸 당할 수 있을지언정, 결코 패배하지 않는다."

저의 이민자의 삶도 그러했습니다. 산티아고가 거대한 물고기의 뼈만 안고 돌아와 존엄을 지켰듯, 저 역시 수많은 날의 싸움을 통해 가족을 지키고, 믿음을 지키며, 배움의 가치를 전하는 길을 걸어왔습니다. 이 자리를 빌려, 그 긴 여정 속에서 저를 도와주시고 격려해 주신 모든 분께 진심 어린 감사의 마음을 전하고자 합니다. 이름 없이 함께해 주신 따뜻한 손길들, 힘겨운 시절에도 웃음을 잃지 않고 곁을 지켜준 동료와 친구들, 그리고 언제나 제 마음의 고향으로 남아 있는 그곳에서 다시 만나게 된 소중한 분께 이 글을 바칩니다.

창묵아, 봉호야, 문식아, 승권아, 중무야~ 그리고 같은 고향의 정을 나누며 함께 살아가는 파본향 장로님과 심상구 장로님 내외분께도, 마음 깊이 감사드립니다. 여러분의 존재가 저에게 얼마나 큰 힘이 되었는지, 이 글에 다 담을 수는 없지만, 그 따뜻함은 제 가슴속에 오래도록 남아 있을 것입니다.

저는 싸웠고, 견뎠으며, 사랑 받았습니다. 그리고 오늘도 조용히, 그러나 당당하게 말할 수 있습니다.

그 모든 바다 위를, 저는 제 작은 쪽배로 끝까지 지나왔습니다.

지금, 이 순간 저는 지나온 반세기의 세월을 돌아보며 감사한 마음에 고개를 숙입니다. 저를 지탱해 주신 수많은 인연과, 넘어질 때마다 다시 일어설 수 있도록 힘이 되어 주신 여러분의 사랑과 믿음에 진심으로 감사드립니다.

저 멀리 햇살이 몽크 마운드 위로 길게 퍼져갑니다. 저는 조용히 벤치에 기대어 생각에 잠깁니다. 긴 항해는 끝이 났지만, 제 마음은 여전히 저 너머 어딘가를 향하고 있습니다. 새로운 꿈을 꾸는 영혼은 나이에 구애받지 않기에, 오늘도 저는 감사하는 마음으로 조용히, 제 안의 바다를 항해하고 있습니다.

강을 건너
머물고
하늘을 향해
걷다

우정의 조각들
친구 이창묵 작가가 본 조원구

―
이창묵 작가는 조원구 박사(미국 남침례회 전문인 교육 선교사. 선교학 박사, 미국 시카모어 대학교 재단이사장)와 63년 지기 친구다. 양정 고등학교 동창이며 어린 시절 함께 지낸 절친이다.

자서전을 펴내며, 기록의 소중함을 다시 생각하다

　대한민국에는 세계가 인정한 귀중한 기록유산이 다수 존재합니다. 《조선왕조실록》, 《승정원일기》, 《조선왕조 의궤》, 《동의보감》, 《일성록》, 《난중일기》 등 방대한 분량의 역사 문서가 유네스코 세계기록유산으로 등재되어, 우리의 찬란한 기록문화 전통을 증명하고 있습니다.

　제가 이처럼 대한민국의 세계기록유산을 먼저 언급한 것은, 친구 원구의 첫 자서전을 읽으며 문득 '개인의 삶을 기록하는 일' 또한 결코 작지 않은 의미를 지니고 있다는 깨달음을 얻었기 때문입니다. 물론, 조선왕조의 국정기록을 담은 역사서와 한 이민자의 삶을 다룬 자서전을 단순 비교하는 것은 무리일 것입니다. 그러나 원구가 직접 자신의 삶을 성실히 기록해 책으로 펴냈다는 사실은, 그것이 곧 한 시대의 단면을 담아낸 귀중한 역사 자료로서 가치를 갖는다는 점에서 결코 가볍게 볼 일이 아닙니다.

역사 기록이 없었다면 우리는 조선왕조의 진면목을 제대로 알지 못했을 것이며, 과거를 성찰하고 미래를 준비하는 데도 어려움을 겪었을 것입니다. 그런 점에서, 원구가 자신의 이민자로서의 삶을 기록으로 남기지 않았다면 그의 자녀들, 손주들, 나아가 가까운 친구와 친척들조차도 그의 인생 궤적을 온전히 이해하기 어려웠을 것입니다.

저 역시 수십 년을 함께해 온 친구였음에도, 자서전을 읽기 전까지는 그가 어떤 방식으로 이민 생활을 시작했는지, 어떤 시련을 거쳐 오늘의 자리에 이르렀는지 정확히 알지 못했습니다. 그의 자서전은 말하자면, '조원구'라는 사람의 '참모습'을 비로소 마주하게 해 준 창문이었습니다.

더불어 그의 글을 통해, 그는 단순히 성공한 이민자의 삶을 넘어 '국제 교육 선교'라는 숭고한 이상을 꾸준히 추구해 왔음을 알게 되었습니다. 자서전 곳곳에 담긴 그의 열정과 비전은 한 개인의 이야기를 넘어서, 독자들에게 깊은 울림을 줍니다.

원구의 자서전은 단지 개인의 회고록에 그치지 않습니다. 1970년대부터 2020년대까지의 시대적 정황과 가치관의 변화를 반영하고 있는, 하나의 귀중한 사회사적 기록물입니다. 그래서 저는 이 자서전의 의미를 더 널리 전하고자, 그의 책 세 권을 국립중앙도서관, 국회도서관, 서울도서관 등에 기증하여 장서로 보관하도록 조치했습니다. 또한, 그의 모교인 건국대, 양정고, 동창회, 그리고 인천에 있는 한국이민사박물관에도 기증해, 향후 연구와 교육 자료로 활용될 수 있도록 하였습니다.

한편, 원구는 자서전 발간을 계기로 동기생들과 몇 차례 오찬을 함께하며 회포를 나누었고, 그 자리에서 자신의 책을 직접 전달하며 지난 세월의 이야기를 나누었습니다.

그의 두 번째 자서전 《함께 가는 길》(2017년 5월 발행)에는, 첫 번째 책에 미처 담지 못했던 '이민 일기'와 '국제 교육 선교'의 시작에 관한 이야기가 들어 있습니다. 세 번째 자서전 《떡갈나무 그늘에 앉아》(2023년 5월 발행)에는 이민 생활의 고난과 회한, 어머니에 대한 그리움과 감사, 아내와 가족에 대한 사랑, 동창생들과의 우정 등 인간적인 이야기들이 더 깊이 있게 담겼습니다.

특히 세 번째 책에서는 그가 이사장으로 섬기고 있는 시카모어대학교와 국제 교육 선교에 대한 비전이 두드러지게 소개됩니다. 그는 책을 통해, 은퇴 이후에도 신앙인으로서 남은 생애를 '교육 선교'에 더욱 헌신하겠다는 다짐을 밝히고 있습니다. 그리고 책의 말미에는 '공수래공수거'空手來空手去라는 고사를 인용하며, 인생의 마지막 장을 어떻게 마무리할 것인지에 대한 깊은 성찰도 함께 전합니다.

원구와의 인연의 시작

원구와 나의 인연은 청소년 시절, 서울 양정고등학교에서 시작되었습니다. 아직은 인생의 방향도 또렷하지 않던 시절, 각자의 꿈을 품고 책가방을 둘러멘 채 운동장을 함께 뛰던 그 시절이 바로 우리 우정의 시작이었습니다. 그 운명적인 만남이 어느덧 63년이라는 세월을 끊임없이 이어오고 있으니, 참으로 감사한 일입니다.

오늘은 제가 알고 있는, 제가 곁에서 지켜본 '원구'라는 사람에 대해 이야기를 나누고 싶습니다.

그가 서울 아가씨 명화 씨와 백년가약을 맺은 날은 1970년 6월이었습니다. 그 결혼식에 참석한 후로 그의 얼굴을 다시 본 것은 무려 23년이 지난 뒤였습니다. 제가 미국을 방문했던 어느 날, 뉴저지 뉴왁 공항에서 오랜만에 그를 마주했지요. 한때 고등학교 교정에서 함께 웃고 떠들던 친구가, 이민자의 삶을 살아온 중년의 모습으로 제 앞에 서 있었습니다.

그 후 우리는 각자의 삶터는 달랐지만, 발전한 통신 기술 덕분에 서로의 안부를 주고받으며 우정을 이어갈 수 있었습니다. 우리는 시간과 거리의 장벽을 넘어서 한국과 미국을 오가며 오히려 더 깊은 관계를 맺어갔습니다. 이민자의 길을 걸으며 겪은 그의 굴곡진 여정, 그리고 그 속에서 빛났던 끈기와 믿음은 저에게도 큰 울림이 되었습니다.

이민 생활에서나 사업적으로 성공하는 사람의 특징에는 공통점이 있는 것 같습니다. 처음엔 낯선 땅에서 언어도, 문화도 익숙지 않은 채로 시작하지만, 시간이 지날수록 그들의 삶에는 공통된 어떤 리듬과 태도가 드러납니다. 마치 아무것도 없는 황무지에 묵묵히 씨앗을 심고, 날마다 물을 주며 계절의 변화를 기다리는 농부처럼 말입니다. 겉보기엔 특별할 것 없어 보이지만, 자세히 들여다보면 이들의 내면에는 인내와 끈기, 그리고 넘어진 후 다시 일어서는 '회복탄력성'이 깃들어 있습니다.

제 절친 원구는 그런 사람 중 하나였습니다. 그는 고난과 실패를 재앙으로 여기지 않았습니다. 오히려 그것을 성공으로 가는 길목, 반드시 거쳐야 할 하나의 과정이라 믿었습니다. 남들은 포기할 법한 상황에서도 그는 꿋꿋이 걸어갔고, 실패 속에서도 무언가를 배우며 다음을 준비했습니다.

원구는 말 그대로 폭풍 속에서도 꺾이지 않는 오뚝이 같은 사람이었습니다. 뉴욕의 블랙아웃 사태로 폭도들에 의해 사업체가 불길에 휩싸이고 모든 것을 잃었을 때에도, 그는 무너

지지 않고 다시 일어섰습니다. 플로리다 템파의 폭동, 미주리 퍼거슨 시티의 시위 현장을 거치며 수많은 위험과 혼란 속을 걸어야 했고, 남미계 무장 갱단에게 납치당해 몸값을 요구받는 참담한 사건까지 겪었습니다. 생사의 경계를 넘나드는 순간에도 그는 삶을 포기하지 않았습니다.

그 모든 순간들이 그를 무너뜨리기보다 단련시키는 계기가 되었고, 그는 다시, 또 다시 일어섰습니다. 그의 삶은 마치 깊은 바다에 던져진 작은 배 같았지만, 결코 가라앉지 않았습니다. 오히려 더 먼 항해를 준비하는 시간으로 삼았고, 결국 오늘날 많은 사람에게 성공한 이민자의 상징처럼 불리게 되었습니다.

특히 이민 생활에서 성공해야 할 과제는 단순히 경제적인 안정만이 아닙니다. 자녀들이 새로운 세계에서 뿌리내리고 꽃피울 수 있도록 돕는 것, 고국에서 겪었던 제약된 환경과 시야에서 벗어나 더 넓은 가능성을 마주하는 것, 그리고 낯선 환경 속에서도 부부가 서로를 붙들고 아름다운 동행을 이어가는 것, 이 모든 것이 있어야 성공한 이민 생활이라고 할 수 있을 것입니다.

원구는 이민생활의 성공이 특별히 어렵거나 복잡한 것이 아님을 직접 보여준 친구였습니다. 그는 매일 성실하게 살아가며 자신의 소명을 잊지 않고, 때로 인내하며 기다렸습니다. 이런 일상의 꾸준함 속에서 성공은 자연스럽게 이루어졌고, 그의 삶이 바로 그 증거입니다.

유독 개척 정신이 강했던 친구

원구는 어린 시절부터 나이에 걸맞지 않게 유난히 강한 개척 정신을 지닌 친구였습니다. 돌이켜보면, 이는 단순히 그의 성향 때문만은 아니었고, 자라온 환경이 그를 그렇게 빚어낸 것이 아닐까 싶습니다.

한국전쟁 직후, 서울 사대문 안에서 살아가는 서민들의 삶은 이루 말할 수 없이 고단했습니다. 곳곳에는 전쟁으로 폭격에 무너진 건물들은 폐허가 되고 온전한 건물이 손에 꼽을 정도였습니다. 그런 상황 속에서 서울에 터를 잡고 살아가는 사람들의 하루하루는, 그야말로 생존을 위한 치열한 투쟁이었습니다.

그런 시대의 한복판에서, 원구의 어머니는 광장시장 근처 장안 백화점에 한복집을 열고 가족을 부양하기 위해 동서남북으로 발이 닳도록 뛰어다니셨습니다. 한편, 전쟁의 후유증으로 삶의 의지를 잃고 실의에 빠진 아버지를 대신하여 원구는 어린 나이에 세 명의 동생과 정신적으로 큰 충격을 받아 회복하지 못한 누이를 돌봐야 하는 책임을 지게 되었습니다. 이러한 삶의 무게가, 그로 하여금 또래보다 훨씬 성숙하게 그리고 남다른 개척 정신을 지닌 사람으로 자라나게 했던 것입니다.

학교 교정의 벤치에 앉아 쉬는 시간마다 함께 나누던 이야기들 속에도, 원구의 한숨과 결심이 담긴 깊은 정신이 깃들어 있었습니다. 그 벤치는 지금도 마치 그의 각오를 기억하고 있는 듯합니다.

그가 열다섯 살이 되던 해부터 시작된 이민의 꿈은 단순한 상상이 아니었습니다. 그는 그것을 구체적인 계획으로, 그리고 현실적인 목표로 하나씩 착실히 다져나가고 있었습니다. 훗날 알게 된 이야기지만, 그는 당시 《돈키호테》라는 고전 소설을 읽으며 자신의 이상과 각오의 초석을 쌓아가고 있었던 것이었습니다.

고등학교 졸업을 앞두고, 제 아버지께서 저와 가까운 친구들을 집으로 초대해 조촐한 졸업 축하 식사를 마련해 주셨던 일이 떠오릅니다. 그 자리에서 우리는 각자 자신의 미래에 대한 꿈을 이야기했고, 그때 원구는 또렷한 목소리로 이렇게 말했습니다.

> 아버님, 저는 이민을 갈 겁니다. 한국이 싫어서가 아니라, 더 크고 넓은 세상에서 제 안에 숨겨진 꿈을

펼쳐보고 싶습니다.

그의 선언은 단순한 포부를 넘어서, 우리 또래의 친구들에게는 충격이자 아직 열리지 않은 세상을 향한 창이었습니다. 지금도 그 말은 제 마음속에 또렷이 남아, 원구라는 사람의 깊이와 용기를 되새기게 합니다.

조원구의
4번째
인생
이야기

배움터를 세우는 길에 함께 서다

그가 미국 캘리포니아 교육청의 정식 인가를 받은 '시카모어 대학교'의 설립과 운영에 참여하게 된 배경에는, 2010년 1월 아이티 대지진이 있었습니다. 그는 재난 발생 바로 다음 날, 머뭇거림 없이 현지로 달려가 자비를 들여 난민 아동을 돕는 구호 활동을 시작했습니다. 개인으로서는 매우 어려운 결단이자 도전이었지만, 그는 행동으로 사랑을 실천했습니다. 하지만 그는 금세 깨달았습니다. 일회적인 구호 활동만으로는 이들의 삶을 근본적으로 바꿀 수 없다는 사실을. 그때부터 그는 '교육'이야말로 지속 가능한 희망의 길이라는 신념을 갖고 교육 선교를 고민하게 되었습니다. 특히, 한국에서 자랄 때 고아들에게 배움의 기회를 제공하는 것이 가장 중요하다는 경험을 떠올리며, 그는 그 사명을 자신의 삶의 과제로 받아들였습니다.

비행기 안에서 들었던 승무원의 안전 교육 내용 중에 "타인을 돕기 전에 자신부터 안전을 확보하라"는 말도 그의 마음에 깊이 각인되었습니다. 즉, 그는 자신의 삶의 터전을 지키며 동시에 도움이 필요한 이들에게 지속적으로 손을 내밀 수 있는 방법을 고민했고, 그 해답을 '교육 선교'에서 찾게 된 것입니다.

그는 그저 동정이나 단기적 지원에 머무르지 않고, 세계 속에서 영향력을 발휘할 수 있는 글로벌 인재를 양성하는 대학 설립의 필요성을 절실히 느꼈습니다. 그런 결단과 열정이 모여 오늘의 시카모어대학교로 이어졌으며, 그의 교육 선교 사역은 지금도 이어지고 있습니다.

이처럼 조원구 박사의 세 권의 자서전은 단순한 개인의 삶을 기록한 것이 아니라, 한 시대의 흐름과 한 인간의 신념, 그리고 그로 인해 변화된 수많은 삶의 이야기까지 담은 귀한 역사적 자산입니다. 기록은 기억을 보존하는 그릇이며, 미래를 향한 등불입니다. 친구 원구의 삶을 통해, 다시금 기록의 소중함을 되새겨 봅니다.

고교 은사님 가르침 받아 삶의 '좌우명'으로 삼다

사람은 인생을 살아가는 동안 누구나 한 번쯤, 자신의 삶에 큰 영향을 끼치는 가르침이나 조언을 주는 어른이나 선배, 혹은 운명처럼 다가온 소중한 기회를 만나게 됩니다. 그런 만남을 통해 얻은 가르침은 마음 깊이 새겨져 인생의 나침반이 되기도 하고, 삶의 방향을 정하는 좌우명이 되기도 합니다.

원구에게도 그런 만남이 있었습니다. 고등학교 시절, 그의 인생에 깊은 울림을 준 스승이 있었으니, 바로 고故 이석린 선생님입니다. 양정고등학교에서 고전문학을 가르치신 이석린 선생님은, 동양고전은 물론 한국의 속담과 격언을 통해 삶의 지혜를 일깨워 주셨습니다.

원구는 이 선생님의 수업 중 《논어》論語에 나오는 "지자요수知者樂水 인자요산仁者樂山"이라는 공자의 말씀에 깊이 감명받았습니다. "지혜로운 사람은 물을 좋아하고, 어진 사람은 산을 좋아한다"는 뜻의 이 문구는, 훗날 원구의 삶을 관통하는 좌우명이 되었습니다.

그는 이 말씀을 이렇게 풀어 해석했습니다.

> 물은 한 곳에 머물러 있으면 썩고 맙니다. 바닷물이 흐르지 않으면 사해처럼 생명이 살지 못하고, 민물도 고이면 악취가 납니다. 물은 끊임없이 흘러야 하고, 흘러가며 굽은 데를 펴고 모난 데를 깎으며, 낮은 데를 채우고 높은 데를 깎아내야 합니다. 그 흐름 속에서 남을 품어주고 감싸주는 지혜가 바로 인생의 이치입니다

이러한 해석처럼, 그는 젊은 시절엔 '강물 따라 흐르는 쪽배'처럼 여러 도시를 떠돌며 이민 생활을 개척했고, 중장년 이후에는 산처럼 조용하고 평화로운 미국 미주리주 세인트루이스에 정착해 교육 선교와 봉사의 삶을 이어가고 있습니다. '지자요수, 인자요산'이라는 공자의 말씀은 성경 말씀 다음으로 그가 소중히 여기는 인생의 이정표였습니다.

조원구의
4번째
인생
이야기

어떤 일이든 '미쳐야' 이룰 수 있다

이민 사회에서 사업을 하다 보면 누구나 크고 작은 갈등을 경험하게 됩니다. 특히 미국 내 한인 커뮤니티의 경우, 비슷한 업종에 종사하는 이들이 많다 보니 경쟁이 치열하고, 그로 인해 오해와 갈등이 생기기 쉽습니다.

원구 역시 그런 갈등의 소용돌이를 몇 차례 겪었습니다. 가까운 동업자와의 갈등, 한국에서 인연을 맺었던 친구들의 시기 어린 말들, 심지어는 같은 교회를 다니던 신도들과 오해와 루머로 얼굴을 붉힌 적도 있었습니다. 하지만 그는 그런 상황을 마주할 때마다 고교 시절 스승에게 배운 좌우명과 자신의 신념을 되새기며 조용히 극복해 나갔습니다.

원구는 일부러 한인이 많이 모여 있는 지역이나 동일 업종을 피해 새로운 사업을 구상했고, 그때마다 그가 시작한 일은 큰 어려움 없이 자리를 잡았습니다. 그는 "특별한 경영 노하우가 있었던 것은 아니다"라고 말합니다. 그저 "정직하게, 겸손

하게, 그리고 성실하게" 일했을 뿐이고, 그것이 자신이 일궈낸 성취의 원동력이라고 말합니다.

또한 그는 자신의 삶을 관통하는 또 하나의 정신으로 '불광불급'不狂不及을 들었습니다. 무엇이든 미친 듯이 집중하고 몰두하지 않으면 결코 목표를 이룰 수 없다는 뜻의 이 말은, 그가 수많은 어려움을 딛고 성공적인 이민자의 삶을 이룬 철학적 기반이었습니다.

어머니가 말씀하신 내용 잊지 않고 실천하다

친구 원구가 어머님을 추모하는 마음은 참으로 애틋합니다. 그리고 그는 어머니와 함께 자신의 곁에서 늘 헌신하고 내조해 준 아내에 대해서도 깊은 사랑의 마음을 그의 자서전 곳곳에서 내비쳤습니다.

그는 자서전에서 "이제 다시는 어머님의 모습을 뵐 수는 없지만, 저는 오늘도 매일매일 어머님과 같은 성품과 인자한 모습, 그리고 올바른 자세로 신앙인으로서의 삶을 살고 있는 아내를 보고 있다"라며 어머님에 대한 그리움과 함께 아내에 대한 애정과 그녀의 인품에 대해 적었습니다.

이어, 원구는 어머니가 자신에게 "담대하라, 진실하라, 최선을 다하라"고 해 주셨던 말씀을 되새기고 있는데, 그와 같은 이야기를 지금은 그의 아내가 옆에서 해주고 있다고 전했습니다. 그리고 더 나아가 어머니가 자신에게 기대하셨던 만큼 아내도 자신에 대한 기대가 남다르게 크다는 사실을 잘 알고 있다고 말합니다. 그래서 앞으로 더욱 더 성실한 자세로 국제 교육 선교에 힘쓰며, 신앙인으로서의 삶을 이어 나가겠고 다짐하게 된다는 것입니다.

한편, 원구의 아내 명화李明和씨는 언젠가 한인회 여성포럼 초청을 받아 특강을 한 적이 있었습니다.

특강이 끝난 후 이어진 질의응답 시간에 한 질문자가 "맏며느리로서 시어머니를 40여 년간 모시고 고된 이민생활을 하면서 일어났을 법한 '고부姑婦간의 갈등' 등을 어떻게 극복했습니까?"라는 질문을 했는데, 이에 대해 명화씨가 다음과 같이 답변했다고 합니다.

> 제가 어머니를 모시고 살았다면 그러한 갈등이 크게 있었을지 모르지만, 사실은 제가 어머니를 모시고 살아온 게 아니라 어머니가 저를 데리고 살아주셨기 때문에 어머니는 힘이 드셨는지 모르지만, 저는 그런 문제가 전혀 없었어요.

그녀의 그러한 답변에 포럼 참석자들은 놀라움과 감탄으로 한 동안 정막이 흘렀다고 합니다.

그리고 원구 역시 전혀 예상하지 못했던 그와 같은 아내의 답변에 감동을 받았고, 아내가 더 없이 사랑스럽고 고맙고 자랑스러웠다고 합니다.

이어 '부부간의 갈등문제' 등에 대한 질문도 있었는데, 그에 대해서도 그녀는 다음과 같이 답변했다고 합니다.

> 어떤 사람이 '지금의 남편을 만난 것을 후회한 적이 없느냐'라고 저에게 물어온 적이 있었습니다. 그런데 저는 '만남 그 자체가 나의 운명이었다'라고 믿고 살아왔기 때문에 '잘 만났다, 잘 못 만났다, 후회한다, 안 한다'하는 생각을 한 번도 해본 적 없이 이제껏 살아왔어요.

이 답변 역시 많은 참석자와 원구를 감동시켰다고 합니다. 저는 이러한 답변 속에 명화씨의 진면목眞面目이 담겨 있다고 생각합니다.

원구가 한국을 방문하다

원구가 한국을 방문한다고 했을 때, 며칠 전부터 설레는 마음에 밤잠을 설쳤습니다. 그도 그럴 것이 1993년 여름 내가 미국 뉴저지를 방문했을 때, 그는 남부 플로리다 템파에서 스몰 비즈니스를 운영하고 있었지요. 23년 만에 나는 조심스레 전화를 걸었습니다.

"원구야, 나 창묵이야. 나 지금 뉴욕, 뉴저지 근처에 와 있어. 잘 있었어?"

내 목소리를 듣고 있을 원구의 모습이 마치 눈앞에 그려지는 듯했습니다. "창묵이니…." 떨리는 목소리 속에 반가움이 묻어나고, 눈가에 맺힌 이슬 같은 눈물을 닦는 그의 모습이 마음으로 느껴졌습니다. 나 역시 목이 메어 전화기를 더욱 꽉 움켜쥐었습니다.

그리고 놀랍게도 원구는 1천 마일(약 1,600km)이 넘는 먼 거리를 마다하지 않고, 자신의 가게 문을 거의 닫다시피 하면서까지 날아왔습니다. 그렇게 우리는 뉴왁 공항 대합실에서 23년 만에 뜨거운 포옹을 나누었습니다.

그 순간 보인 것은, 세월이 흔적이 고스란히 담긴 원구의 얼굴이었습니다. 헤어질 때 풍성하던 그의 머리칼은 자취를 감췄고, 팽팽하던 얼굴엔 흐른 시간 만큼의 골이 새겨져 있었습니다. "원구야, 그간 고생 많았구나…." 내가 할 수 있는 말은 그것뿐이었습니다. 오랜 시간의 무게가 그 한마디에 다 담겨 있었지요.

그 후 세월이 흘러, 다시 한국에서 원구를 만날 수 있다는 사실에 얼마나 기뻤는지 모릅니다. 원구의 귀국 소식에 나는 만사 제쳐놓고 공항으로 달려갔습니다. 그가 나를 만나러 비행기 타고 1천 6백 킬로미터를 온 것에 비할 바는 아니지만, 나는 기꺼이 1시간 넘게 택시를 타고 가서 그의 앞에 섰습니다.

대합실로 나오는 원구는 양 손으로 커다란 캐리어 두 개를 끌고 있었습니다.

원구야, 뭘 그렇게 많이 싸 들고 왔어?

그 안에는 테스터스 초이스 커피, 꿀, 땅콩, 잣, 호두, 초콜릿, 청바지까지—정성껏 준비한 선물들이 바리바리 들어 있었습니다. "친구들 주려고 가져왔지"라는 그의 말에 나는 웃으며 말했지요. "원구야, 이젠 이런 거 안 가져와도 돼. 한국도 옛날 한국이 아니야. 사랑과 정성만으로도 충분해." 그렇게 우리는 함께 웃으며, 다시 그 시절로 돌아간 듯한 시간을 보냈습니다.

그날 나는 원구에게 꼭 대접하고 싶었던 음식을 떠올렸습니다. 광장시장 근처, 그의 어머니가 한복집을 하던 거리 근처였지요. 평화시장 쪽으로 청계천 다리를 건너 가장 맛있는 해장국 집으로 향했습니다. 한 숟가락, 한 숟가락, 마침내 한 그릇이 다 비워질 때까지 아무 말없이 먹던 원구의 눈빛은 마치 "고향에 돌아왔다"는 안도의 눈빛이었습니다.

"사랑은 먹는 데서 싹트고, 먹는 데서 역사가 일어난다"는 말이 있습니다. 그날 우리는 그 말의 의미를 몸소 느꼈습니다. 본래 타고난 혓바닥은 반세기 미국 땅에 살아도 변하지 않는 법이지요. 그 이후로 원구는 한국에 머무는 동안, 매일 해장국을 먹기 위한 발걸음을 멈추지 않았습니다.

조원구의
4번째
인생
이야기

세인트루이스
한인회 회장을 연임하다

다른 한편으로, 친구 원구는 2018년 세인트루이스 지역 한인회 회장에 취임해 2년 임기를 마치고, 다시 한 번 더 추대되어 연임하면서 4년간 한인회와 교민사회 발전을 위해 봉사했습니다.

참고로, '세인트루이스 한인회'는 1903년 도산 안창호 선생이 설립한 한인친목회의 정신을 이어받아 1967년 정식으로 출범한 한국인 교민단체입니다.

이 단체는 1977년 이후 한인친목회의 정신을 한층 더 발전시켜 고국과의 관계를 돈독히 하며 한국인으로서의 정체성을 강화해 왔습니다. 세인트루이스 한인회는 이 지역에 거주하는 교민들이 미국 주류사회에 진출하는 것을 돕고, 교민들을 위한 이민정책과 법적 경제적 사회적 지위향상을 도모하는 한편, 한국 고유문화를 보존하고 전파하는 데에도 힘을 써오고 있습니다.

이와 같이 미국 각 도시에 있는 지역 한인회는 미국 내 한인들의 관계를 증진시킴으로써 응집된 역량을 발휘하도록 도모하고, 더 나아가 한미 양국 발전에 기여하는 것을 기본 이념으로 활동하고 있습니다.

친구 원구가 세인트루이스 한인회 회장(38~39대)으로 연임할 수 있었던 것은 한인회의 기본이념과 철학을 잘 이해하고 실행해 가시적 결과를 이룰 수 있는 능력이 있을 거라는 기대감이 크게 반영된 결과였습니다. 실제로 그는 회장으로 재임하는 동안 교민사회를 화합과 단결로 이끌었고, 이를 바탕으로 미국 주류 사회와 성공적인 교류 관계를 이어 나갔습니다. 그리고 이렇게 더욱 기반이 탄탄해진 한인회를 후임 회장에게 넘겨주었습니다. 지금은 세인트루이스 한인회 고문으로 교민사회 발전을 돕고 있습니다.

고된 이민의 생활 속에서도 끊임없이 글을 쓰는 원구가 대견스럽습니다

고국 방문을 마치고 돌아간 원구로부터 자서전 형식의 수필집을 집필하고 있다는 소식이 전해졌을 때, 처음엔 솔직히 긴가민가했습니다. 문학을 전문적으로 하고 있는 제 입장에서, 글을 쓴다는 것이 결코 쉬운 일이 아니라는 걸 알기에 더욱 그랬습니다. 취미로 글을 쓰는 것과, 그것을 한 권의 책으로 엮어 세상에 내놓는 것은 엄연히 다른 일이기 때문입니다.

하지만 그 소식을 들은 지 얼마 지나지 않아, 그의 자서전 형식의 첫 수필집이 제 손에 들어왔습니다. 내용을 읽고 감동하지 않을 수 없었습니다. 단순히 그의 이민 이야기를 담았을 뿐 아니라, 그 속에 녹아 든 정직한 고백과 삶의 철학, 그리고 절제된 언어 속에서 느껴지는 진정성이 친구로서 너무도 자랑스러웠습니다.

그 후 2년 주기로 두 번째, 세 번째 책이 연이어 출간되었고, 올해는 네 번째 책을 준비하고 있다는 반가운 소식도 들려왔습니다. 참으로 꾸준하고 성실하게, 한 사람의 인생을 문서로 남기고 있다는 점에서 진심으로 경의를 표하지 않을 수 없습니다.

이민자의 삶은 낯선 땅에서 뿌리 내리는 고된 여정이지만, 그 속에서도 사람과 사람 사이의 인연만큼은 시들지 않는 꽃처럼 피어납니다. 원구와 나의 우정도 그러했습니다. 서울의 양정 고등학교 교정에서 시작되어, 바다를 건너고 세월을 흘러, 다시 한국의 거리와 식탁 위에서 이어졌습니다.

우리는 각자의 길을 걸었지만, 서로의 삶을 이해하고 기꺼이 마주앉아 한 끼 식사를 나눌 수 있었던 것만으로도 인생이 얼마나 아름다운지 새삼 깨닫게 됩니다. 그리고 그 어떤 선물보다 값진 것은, 이렇게 오랜 시간이 지나도 여전히 따뜻하게 마음을 나눌 수 있는 친구가 곁에 있다는 사실입니다.

이제 다시 각자의 자리로 돌아가더라도, 우리 사이를 이어주는 그 끈은 더욱 든든해질 것으로 생각합니다. 인생이라는 여정을 원구라는 친구와 함께해서 얼마나 다행인지 모릅니다. 그 고마움과 따뜻함을, 오늘 이 글에 조심스레 담아봅니다.

조원구의
4번째
인생
이야기

"지금 매우 행복하다"
국제 교육 선교 활동: 그의 마지막 사명

친구 원구는 세 번째 자서전을 통해 자신은 현재의 상황에 '만족한다'라며 다음과 같이 심경을 밝혔습니다.

> 나는 지금의 내가 좋다. 과거에 내가 어떤 사람이었든 간에 나는 지금의 내가 무척 자랑스럽다. 나를 존경해 주는 아내가 옆에 있어 좋고, 나를 친구처럼 스스럼없이 대하는 아들이 있어 좋다. 또, 내 사업을 이어 열심히 경영수업에 임하고 있는 딸이 있어 좋고, 스키를 잘 타는 손자와 애교 만점인 손녀가 있어 좋다. 어디 그뿐인가. 내가 누워 밤이슬을 피할 수 있는 집이 있어 좋고, 내가 일어나 일하러 갈 수 있는 일터가 있어 좋다. 더더구나 지금은 에티오피아와 동유럽을 향한 '국제 교육 선교'의

> 꿈을 더 키워나가고 있으니, 이 또한 감사하고 좋을 뿐이다.

끝으로, 조원구 박사는 앞으로도 국제 교육 선교와 봉사활동을 계속해 나가겠다고 다짐했습니다. 이어 그는 자신의 생이 끝나면 천국으로 간다는 믿음이 있어 행복하다고 말했습니다.

사실, 이 세상에 살아 있는 모든 생명체는 때가 되면 사멸하게 되어 있습니다. 사람이든 짐승이든, 심지어 산야의 초목까지도 살아 있는 모든 것들은 언젠가 반드시 죽음을 맞이하게 되어 있습니다. 따라서 사람들이 죽음을 미리 준비하든 안 하든, 우리 인간에게는 '내일'이 어김없이 찾아오고, 그러한 '내일'들이 하루하루 쌓여 결국 '종말의 시간'을 맞게 되는 것입니다.

이와 관련하여 원구는 자신이 크리스천으로 살고 있어 참으로 행복하다고 말합니다. 그것은 그리스도 신앙의 최종 목적이 바로 '이 세상을 떠날 때 천국에 간다'는 사실을 믿고 있기 때문에 그렇다고 했습니다.

아무쪼록 남은 생애에도 시카모어대학교와 함께 에티오피아와 동유럽을 대상으로 한 국제 교육 선교에 힘쓰며 더 많은 결실을 맺어 나가기 바랍니다.

마지막으로 변변치 않은 이 글을 마무리하며 저는 미국에서 별세하신 조원구 선교사의 아버님 조정선^{趙貞善}과 어머님 박란^{朴蘭}의 명복을 다시 한번 빕니다. 그리고 조 선교사의 부인 명화씨^{李明和}와 원구의 형제자매들, 자녀들에게도 따뜻한 격려의 인사를 전합니다. 모두 건강하고 평안하시기를 기원합니다. 감사합니다.

2024년 10월 25일
조원구^{趙原求} 선교사 63년 지기^{知己}
이창묵^{李昌黙} 삼가 씀

강을 건너 머물고
하늘을 향해 걷다